"En 2014, Alberto Daniel Hill, experto en ciberseguridad, encontró un problema de seguridad en el sitio web de un proveedor médico. Al informar sobre el tema, lo llevó a convertirse en la primera persona encarcelada en Uruguay por un delito informático, un delito que no cometió y que probablemente ni siquiera sucedió.

Alberto, un hacker, era el objetivo perfecto para un sistema judicial que no comprende la ciberseguridad ni los delitos cibernéticos. Debido a la mala conducta y la incompetencia de la policía, su vida se vio sacudida y todavía se está recuperando de un sistema en el que no hay garantías de un juicio justo.

Llena de injusticia y angustia, la historia de Alberto no tiene un final de cuento de hadas. Es una lección para Uruguay y el mundo implementar procesos justos para la persecución de los delitos cibernéticos. El relato de Alberto será un claro recordatorio de los peligros de un sistema judicial que no se ha puesto al día con la tecnología del siglo XXI."

Stephanie Holland, Editor.

*"Si me dicen que, si no __confieso__ determinado delito, van a causarle mucho __dolor__ y __sufrimiento__ a determina persona, si esa persona, no tiene __ningún significado__ para mí, esa __presión__ para confesar algo que no hice, **no me provoca nada**. Ahora, si __esa persona es lo único__ que tengo en el mundo, ahí sí, __psicológicamente me quiebran en un segundo y accedo a darles lo que me piden__".*

En un caso donde la __incompetencia evidente__ de la policía hace que sea **IMPOSIBLE** resolverlos mediante medios técnicos, la herramienta con la que cuentan es __quebrar emocionalmente__ a quien desean culpar y conseguir una __falsa confesión.__ Es la única forma en la que pueden cerrar un caso.

Alberto Daniel Hill

jáquer

Del ingl. *hacker*.

1. m. y f. *Inform.* **pirata informático.**

2. m. y f. *Inform.* Persona con grandes habilidades en el manejo de computadoras que investiga un sistema informático para avisar de los fallos y desarrollar técnicas de mejora.

Dedicado a...

Dedicado a mi **mamá**, lo único que me queda en mi vida.

Contenido

"LOS CAMINOS
DIFÍCILES
CONDUCEN
A DESTINOS
HERMOSOS"

Prefacio

Me llamo Alberto Daniel Hill. Soy el primer hacker procesado con prisión

en Uruguay por un delito informático. Fui procesado por un supuesto

crimen que jamás cometí. Un crimen que probablemente jamás sucedió.

Las irregularidades, ilegalidades, y resoluciones basadas en argumentos

ridículos fueron y son parte de un proceso carente de garantías.

A mediados del 2017, logre vulnerar la seguridad del sitio web de una de

las organizaciones de seguridad más importantes a nivel mundial.

Inmediatamente me puse en contacto con la organización reportándoles

el problema que tenían.

En noviembre del 2016 encontré un problema de seguridad en la bolsa

de valores de Asunción, Paraguay. Al no encontrar un canal para

ALBERTO DANIEL HILL

OPERACION BITCOINS

LA HISTORIA DE UN HACKER

LOGIN TO HELL

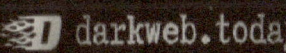 darkweb.today

 ALBERTO HILL . COM

Operación BITCOINS: Login To HELL

©2020 Alberto Daniel Hill

AlbertoHill.com @ADanielHill

reportarlo directamente a los administradores del sistema, hice el reporte

al CERT[1] de Uruguay para que ellos hicieran lo posible por contactarlos

e informarles del problema.

En diciembre de **2016** tuve un siniestro de transito muy serio en horas de

la madrugada. A la tarde, recibí un SMS de mi compañía aseguradora

con un código para hacer un seguimiento de los tramites del seguro por

internet. A los 5 minutos de ingresar **detecte un problema grave con los**

controles de seguridad y podía ver los partes de todos los siniestros de

la aseguradora, incluyendo **información personal** de los clientes, **partes**

médicos, información policial, fotografías de siniestros, etc. A los 15

minutos estaba haciendo el reporte al CERT de Uruguay.

---

[1]Un **Equipo de Respuesta ante Emergencias Informáticas (CERT**, del inglés **Computer Emergency Response Team)** es un centro de respuesta a incidencias de seguridad en tecnologías de la información. Se trata de un grupo de expertos responsable del desarrollo de medidas preventivas y reactivas ante incidencias de seguridad en los sistemas de información. Un CERT estudia el estado de seguridad global de redes y ordenadores y proporciona servicios de respuesta ante incidentes a víctimas de ataques en la red, publica alertas relativas a amenazas y vulnerabilidades y ofrece información que ayude a mejorar la seguridad de estos sistemas.
https://es.wikipedia.org/wiki/Equipo_de_Respuesta_ante_Emergencias_Inform%C3%A1ticas

Figura 1 - Luego del accidente de transito

¡Ah! Y de paso, en **octubre del 2016** informe a YouTube de una debilidad

en su sistema de **YouTubeTV**.

No es necesario que siga con la lista de problemas de seguridad que encontré en mi vida, pero *la lista es larga* y no busco dañar la **imagen** y

prestigio de ninguna empresa divulgando información delicada y

nombres de empresas.

I don't trust words,

I even question actions.

But I never doubt patterns.

"No confío en las palabras

Incluso cuestiono a las **acciones**

Pero nunca pongo en duda a los **patrones**"

Cuento esto para mostrar un patrón en mi conducta. Siempre hice reportes con el único **objetivo** de ayudar a **mejorar** la seguridad de sitios **vulnerables** y evitar que personas malintencionadas los encontraran de la misma forma que yo lo hice, pero utilizando las fallas para causar algún **daño** o cometer **ilícitos**. Jamás solicité ni recibí algo por estos reportes. Por motivos éticos creía que debía proceder de dicha manera. Podría haber mirado al costado y no haber tomado acción alguna al encontrar estos problemas, pero pensaba que no era lo correcto.

Creo en la **consistencia** a la hora de actuar. Las personas normalmente siguen determinados **patrones** de conducta de forma sistemática y no se levantan de un día para el otro **cambiando** la forma en la que actúan ante determinada situación.

Antes que los medios me dieran el título de "*hacker*", era un experto en ciberseguridad y estaba especializándome tanto en *cripto monedas* como en la tecnología *Blockchain* y realmente me iba muy bien.

Este libro narra la historia que me cambió para siempre y fue **un punto de inflexión** totalmente inesperado en mi vida y también afectó la vida de **mis seres queridos.**

Hay un "**antes**" pero no un "**después**" en mi historia.

Alberto Daniel Hill – Junio 2020

Primer Acto

El comienzo de mi final

"¿No han pensado nunca que si pudieran volver atrás en el tiempo a lo mejor no tomarían las mismas decisiones? Todos hacemos nuestras bolas de nieve con nuestras malas decisiones, bolas que se van haciendo gigantes, como la roca de Indiana Jones, y va persiguiéndonos por la pendiente para aplastarnos. Todas las decisiones que tomamos en el pasado nos llevan inexorablemente hacia el futuro.[2]" Y fue con las mejores intenciones que tomé decisiones que hicieron que la roca de Indiana Jones me aplastara y me arruinara la vida.

---

[2] "La casa de papel"

Un **divino sábado** de primavera, en octubre del año **2014**, cuando mi **vida era aún hermosa** y hoy me doy cuenta de que no la valoraba como hubiese debido, tome decisiones que me llevaron a ejecutar acciones de las que **hoy me arrepiento**. Fue en ese momento que dio inicio la **historia más insólita, inesperada, increíble** y **triste [1]** que me tocó vivir.

Estaba con quien era mi novia en su apartamento y me pidió que visitara el sitio web de su proveedor de atención médica, una mutualista llamada *"Círculo Católico"*, para buscar información sobre los horarios de atención de un doctor. Ella me acababa de decir la **URL** y antes de que pudiera decirme sus credenciales de inicio de sesión, **yo ya estaba dentro del sistema** en el sitio web.

La página de inicio de sesión tenía un **captcha** molesto y empecé a mirar el código fuente. ¡Rápidamente descubrí que todo lo que tenía que hacer para deshacerme de ese mecanismo de captcha era eliminar un parámetro en la URL del formulario de inicio de sesión, y **bingo**!

Las características de seguridad en el sitio web eran terribles. Descubrí que mediante el uso del "**admin**" como usuario y contraseña para el inicio de sesión podía no solo ingresar al sistema, sino que podía entrar en el sitio web con privilegios de administrador. **¡Era algo terrible!**

Esto significaba que teóricamente podría haber accedido y alterado los registros de salud de los pacientes, añadido nuevos pacientes, profundizado en los informes financieros de la compañía y **mucho más.**

En literalmente 5 minutos envié un correo electrónico al CERT, cert@cert.uy, e informé del problema de seguridad, crítico a mi entender, un ROJO si tuviese que hacer un *triage*.

El número de seguimiento **#10445** fue asignado a mi reporte.

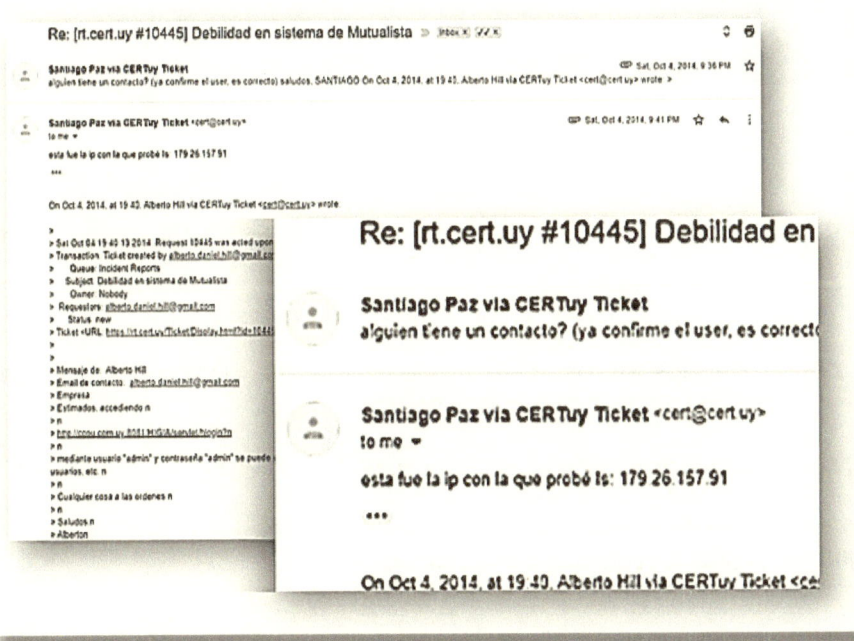

Figura 2 - Reporte al CertUY

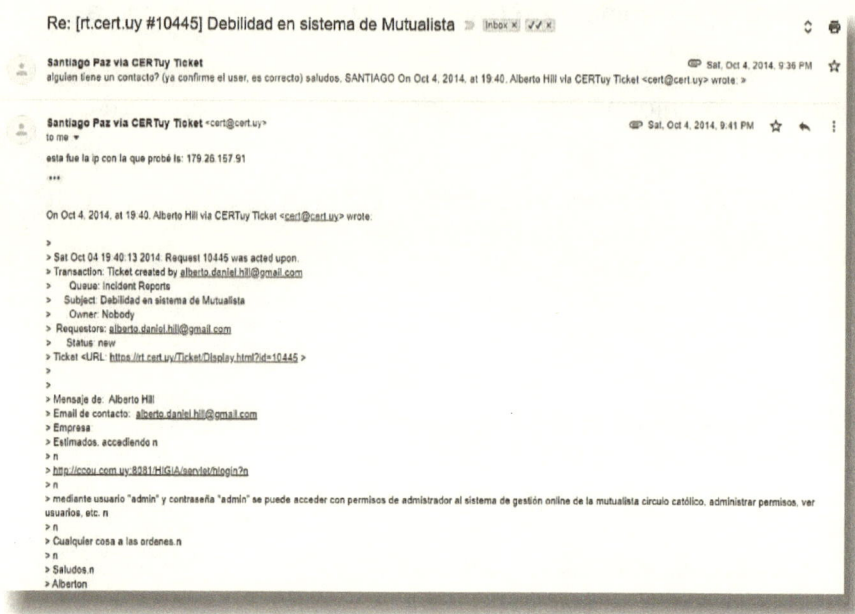

Figura 3 - Reporte al CertUY

En menos de dos horas, recibí una respuesta diciendo que habían verificado que tenía razón. La respuesta fue por parte del **Director de Seguridad Informática de Presidencia** de la República Oriental del Uruguay. Eso fue todo.

Me olvidé del sitio web y sus vulnerabilidades. Eso era problema de la institución médica.

En 2015, un año más tarde, visité otra vez ese sitio web y decidí comprobar si nuevamente había vulnerabilidades. **¿Y adivinen qué?**

En 15 minutos **pude acceder a todo tipo de información** almacenada por el proveedor de atención médica. Simplemente modifiqué algunos parámetros de la URL. Era un escenario de *Déja Vu*.

Una vez más, en 5 minutos **envié otro correo** al CERT nacional y les informé del problema. Y de nuevo, lo olvidé después.

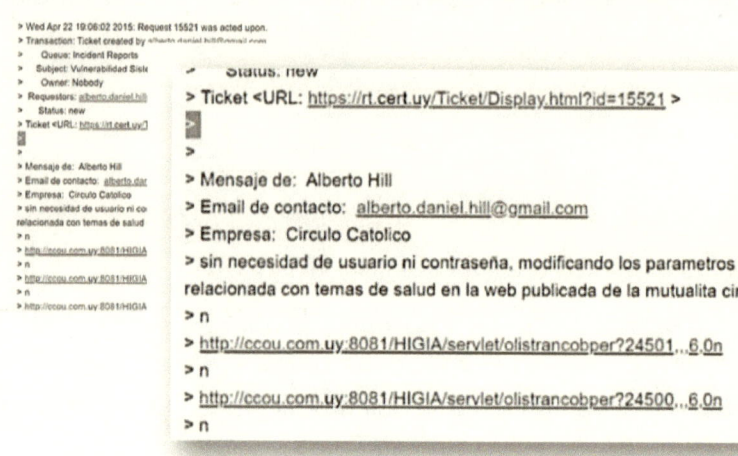

> Wed Apr 22 19:06:02 2015: Request 15521 was acted upon.
> Transaction: Ticket created by alberto.daniel.hill@gmail.com
>   Queue: Incident Reports
>   Subject: Vulnerabilidad Siste
>   Owner: Nobody
> Requestors: alberto.daniel.hill
>   Status: new
> Ticket <URL: https://rt.cert.uy/

> Status: new
> Ticket <URL: https://rt.cert.uy/Ticket/Display.html?id=15521 >
>
>

> Mensaje de: Alberto Hill
> Email de contacto: alberto.daniel.hill@gmail.com
> Empresa: Circulo Catolico
> sin necesidad de usuario ni contraseña, modificando los parametros de
relacionada con temas de salud en la web publicada de la mutualita circu
> n
> http://ccou.com.uy:8081/HIGIA/servlet/olistrancobper?24501,,,6,0n
> n
> http://ccou.com.uy:8081/HIGIA/servlet/olistrancobper?24500,,,6,0n
> n

Figura 4-   El número #15521 fue asignado para el seguimiento a mi reporte.

> Wed Apr 22 19:06:02 2015: Request 15521 was acted upon.
> Transaction: Ticket created by alberto.daniel.hill@gmail.com
>   Queue: Incident Reports
>   Subject: Vulnerabilidad Sistema de Mutualista
>   Owner: Nobody
> Requestors: alberto.daniel.hill@gmail.com
>   Status: new
> Ticket <URL: https://rt.cert.uy/Ticket/Display.html?id=15521 >
>
>
> Mensaje de: Alberto Hill
> Email de contacto: alberto.daniel.hill@gmail.com
> Empresa: Circulo Catolico
> sin necesidad de usuario ni contraseña, modificando los parametros de la URL, se puede acceder a nombre, apellido, CI, y otra informacion, probablemente
relacionada con temas de salud en la web publicada de la mutualita circulo catolico:n
> n
> http://ccou.com.uy:8081/HIGIA/servlet/olistrancobper?24501,,,6,0n
> n
> http://ccou.com.uy:8081/HIGIA/servlet/olistrancobper?24500,,,6,0n
> n
> http://ccou.com.uy:8081/HIGIA/servlet/olistrancobper?24399,,,6,0n

Figura 5 - Reporte al CertUY

"Reflexionando sobre todo esto, me asombra como con

estas acciones que buscaban solo ayudar, sin ningún

*otro interés, se pudieran haber convertido en un **ticket***

***para un paseo por el infierno** unos meses más adelante.*

Es algo donde el adjetivo "irónico" se queda corto".

Detecte los problemas de seguridad de una forma no invasiva.

Personalmente no calificaría de "**hackeo**" a la forma en la que los

descubrí. Cualquiera con conocimientos mínimos de seguridad podría

haber encontrado lo que yo encontré, y tal vez en el transcurso de 3

años **no haya sido el único** que descubrió yo lo que reporte.

Lo que hice fue por **curiosidad profesional**. Soy un profesional certificado

en ciberseguridad, después de todo. La **curiosidad es un atributo clave**

para trabajar en el rubro. Curiosidad y paciencia infinitas son una

combinación que, combinadas con una apropiada formación, hacen a

un buen profesional en la materia.

Volviendo al caso de la mutualista, una vez que descubrí el primer

defecto menor decidí reportar porque pensé en la información médica de cientos de miles de personas. Los datos confidenciales como esos

deben estar debidamente protegidos. **A mí no me afectaba en lo más**

mínimo.

Fue **"divulgación responsable"**, lo que significa que, si quieres ayudar a

resolver una vulnerabilidad de ciberseguridad, debes actuar de una

manera que no hará que el problema inicial sea más grande o afecte al

sistema de una manera más negativa.

Informé sobre los problemas de manera correcta y responsable. No me

aproveché de la vulnerabilidad para obtener algún beneficio. Es algo

que jamás me paso por la mente.

Pero debo admitir que al hablar de ello ahora, **me arrepiento profundamente** de haber tomado acciones para ayudar. **Destruí mi vida y le causé mucho daño y dolor a mis seres queridos.** En realidad, ese daño y dolor fue por la forma en que se manejó la investigación, así como las instancias judiciales que contaré más adelante.

"Pienso que, si detectamos un problema, tenemos dos caminos, ignorarlo y decir "no es mi problema", o podemos tomar acciones para solucionarlo. Y si uno no es parte de la solución, es parte del problema. No hacer nada es la opción más sencilla, pero a mi criterio la más cobarde". Ese era mi pensamiento antes de que **mi mundo se vinera abajo.** Ahora entiendo que el no hacer nada también puede ser un mecanismo de defensa porque reportándolo, podemos también pasar a ser parte del problema o vernos sumergidos en un problema mucho mayor. **Problema mucho mayor como el que me tocó vivir…**

Un hackeo de película cómica

¿Porque me arrepiento de haber reportado los problemas mencionados?

El siguiente texto es una traducción de lo publicado en el podcast más prestigioso a nivel mundial en lo que refiere a historias de hackers, "*Darknet Diaries*[3]", en su episodio 25, donde se cuenta el inicio de la historia, una verdadera **pesadilla**. En realidad, este no es el inicio, todo comenzó varios años antes, con mi primer reporte en el 2014.

---

[3]https://darknetdiaries.com/episode/25/

"*En **febrero de 2017**, un proveedor de servicios médicos de Uruguay fue **hackeado**. El atacante robó un montón de registros de pacientes y luego lo usó para extorsionar al proveedor. Dijo que publicaría los registros de todos los que tenían VIH a menos que le entreguen bitcoins por valor de 60.000 dólares.*

*El proveedor médico trabajó con la policía para **atrapar** y **arrestar** a Alberto Hill, un uruguayo de 41 años. Alberto tenía toneladas de parafernalia de hackers y dispositivos electrónicos en su casa.*

*Estamos hablando de docenas de tarjetas de crédito, un montón de carteras bitcoins hardware, pendrives en abundancia con herramientas de piratería y virus en ellos, un escritor de tarjetas de crédito con muchísimas tarjetas en blanco, numerosos discos duros, computadoras, routers, impresoras y **una máscara de Anonymous**.*

Alberto Hill admitió haber hackeado al proveedor médico, admitió ser dueño de todo este equipo e incluso admitió a la policía que envió el correo electrónico[4]".

No solo eso, sino que la **Interpol** también dijo que el supuesto responsable del "ataque" **accedía a cuentas bancarias** de otras personas y **extraía** dinero de estas.

---

[4] Darknet Diaries

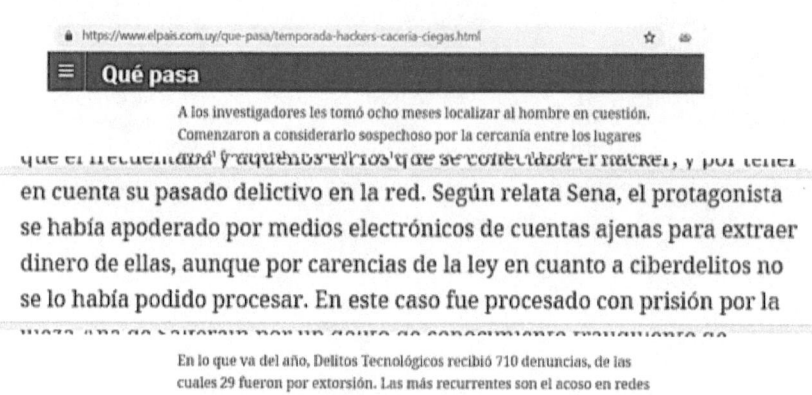

Figura 6 - FUENTE: DIARIOELPAIS.COM

Adicionalmente, **Interpol** afirmó a la prensa que la persona **clonaba**

tarjetas de crédito.

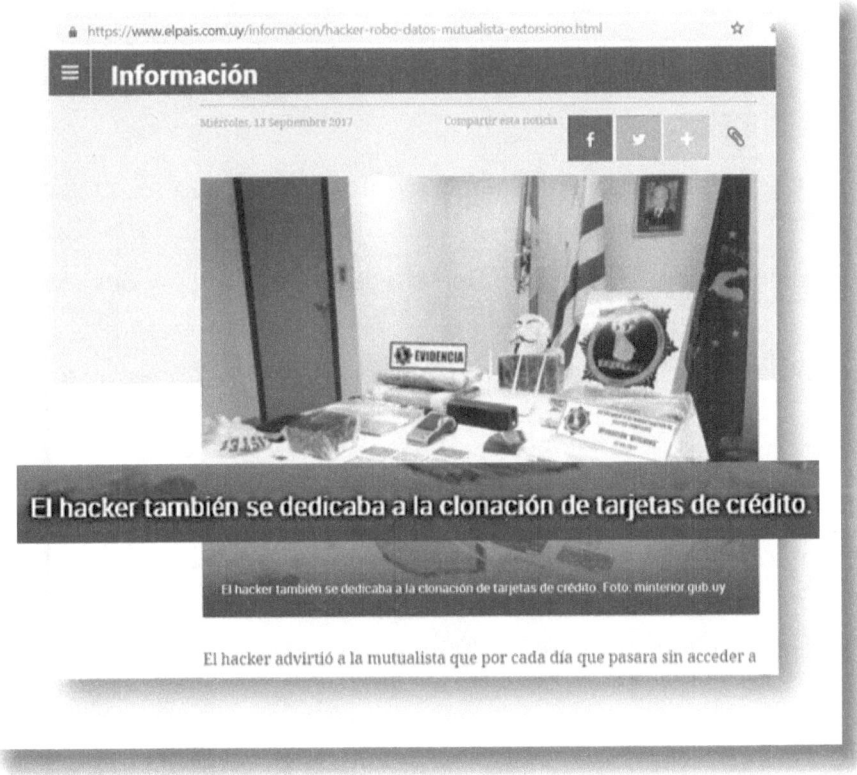

Figura 7 - FUENTE: DIARIOELPAIS.COM

Con esa información, suponiendo que fuera correcta, la policía hizo **un gran trabajo arrestando** a un **peligroso ciber delincuente**. Tendría que pagar por todos esos **crímenes**. El delincuente estaba causando mucho **daño** a personas inocentes.

Según la policía, **rastrearon la dirección IP** de un correo electrónico que contenía una extorsión que esa persona había enviado, y localizaron su ubicación[5]. En realidad, rastrearon 2 IPs a partir del correo electrónico hacia el criminal... (**suena extraño, al leer el comunicado de prensa espero que a la mayoría de la gente se le haya encendido una alerta sobre la veracidad de la información**).

---

[5] Esta información es **falsa**. No existe nada al respecto en el expediente sobre rastreo alguno del origen de un correo electrónico.

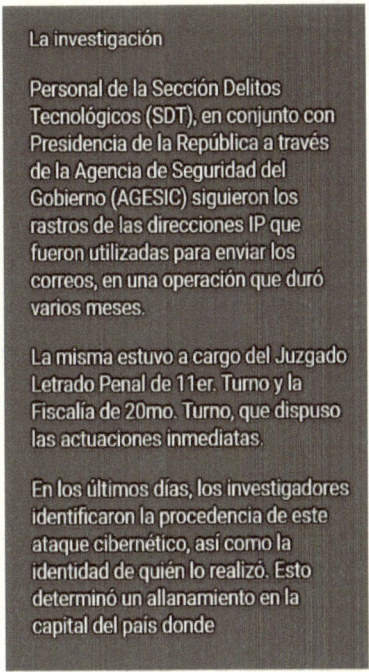

La investigación

Personal de la Sección Delitos Tecnológicos (SDT), en conjunto con Presidencia de la República a través de la Agencia de Seguridad del Gobierno (AGESIC) siguieron los rastros de las direcciones IP que fueron utilizadas para enviar los correos, en una operación que duró varios meses.

La misma estuvo a cargo del Juzgado Letrado Penal de 11er. Turno y la Fiscalía de 20mo. Turno, que dispuso las actuaciones inmediatas.

En los últimos días, los investigadores identificaron la procedencia de este ataque cibernético, así como la identidad de quién lo realizó. Esto determinó un allanamiento en la capital del país donde

Figura 8 - FUENTE: WWW.MINTERIOR.GUB.UY

Yo soy **Alberto Hill**, estoy lejos de ser un ciber delincuente, la persona **arrestada** y **destruida** por la "**justicia**" y por los medios de **desinformación** por el supuesto hackeo. Si fuese realmente un delincuente, estaría viviendo la gran vida y no conocería ni sabría como son los niveles tan altos de **angustia** y de **depresión** que siento. **Si fuese un delincuente** hubiese aceptado las innumerables propuestas de "trabajo" de decenas de personas que conocí en la cárcel.

Esta es mi versión de la historia. Todo lo arriba mencionado es **falso** y en el expediente de la investigación no hay nada que sustente esas afirmaciones sobre el caso. Lo **único cierto es mi confesión** sobre el envío del correo electrónico. Pero falta aclarar que fue **una falsa confesión**, pues la hice bajo mucha presión y angustia, buscando proteger a mis seres queridos. Por más de haber cumplido con mi parte del trato **confesando algo que no hice**, igual **destruyeron psicológicamente** a quien era mi novia, causándole daños terribles que sufre hasta del día de hoy, lo cual me provoca mucha **tristeza y culpa**. Lo que le hicieron a mi expareja es **imperdonable** y fue algo **sin sentido, sin necesidad, sin coherencia** y solo demuestra la **incompetencia** de los investigadores del caso.

No tengo respuestas para todo lo sucedido. A modo de ejemplo, desconozco los motivos por los cuales la policía declaró a la prensa de que yo tenía un **pasado delictivo** y accedía y robaba dinero de cuentas bancarias de otras personas. Hacer esas declaraciones implican la posibilidad de ser demandados civilmente y no encuentro necesidad alguna de ensuciar el nombre de una persona de una forma tan barata y cobarde. (Ver capitulo "Preguntas sin responder").

Esta es la historia de alguien que fue usado como un chivo expiatorio en una situación que pudo y debió haberse evitado. Tal vez no se quiso evitar. El CERT de Uruguay, **a pesar de negarlo ante la justicia**, estaba al tanto de determinados **problemas graves de seguridad** en el sistema supuestamente hackeado y podía eventualmente al menos presionar o colaborar con el prestador de servicios para que se solucionaran los críticos problemas de seguridad que tenía. El trabajo con datos

sensibles como los de la salud, merece medidas de seguridad máxima y

no está permitido que se opere sin que la seguridad sea gestionada con

la máxima rigurosidad.

Si la base de datos del prestador de servicios se vio comprometida,

debería haber notificado a todos los posibles socios sobre el hecho. Así

está establecido en la normativa vigente.

En ningún momento se cuestionó la **omisión** del CERT de Uruguay ni la

forma en la cual actuó la mutualista. Hicieron un excelente trabajo en

desviar la mirada de ellos y hacer que todos los ojos solo estuvieran en

el "*hacker*".

No me voy a cansar de repetir que lo que sucedió fue algo que se **debió** y se **pudo** haber **evitado** perfectamente. Si uno tiene la ventana de su casa abierta durante 3 años y alguien le avisa que es riesgoso, pero no hace nada, es solo cuestión de tiempo para que alguien entre a robar por la ventana.

Esta es la historia de un trabajo **vergonzoso**, donde todo parece no ser más que un **espectáculo mediático**, que un delito relacionado con tecnologías de la información.

En estas hojas se narra una historia que es **coherente** y **consistente** con la **evidencia** que existe. La historia inicial relatada por la unidad de comunicaciones del Ministerio del Interior parece sacada de una revista de farándula donde está todo armadito para las fotos, desviando los ojos de cualquier otra cosa. Me agarro la cabeza al hacer referencia a la "evidencia", ya que no son más que un montón de papeles que no cumplen con condiciones mínimas para ser consideradas "evidencia" y no entiendo como la justicia las toma como verdades absolutas en lugar de poner en duda su validez, que es totalmente cuestionable solo con sentido común. Además, la "evidencia" demuestra que en el supuesto "ataque", yo no accedi ni altere absolutamente nada en los sistemas del proveedor de servicios médicos.

Es así como cualquier persona con capacidades analíticas básicas podía encontrar inconsistencias en el relato de la policía y en toda la historia en la que me vi envuelto por actuar con las mejores intenciones.

☐

Sobre mi

Soy ingeniero en informática con más de 20 años de experiencia vinculada a la Seguridad de la Información (Consultoría, Informática Forense, Hacking Ético, Seguridad informática). Trabajé en muchas grandes empresas en Uruguay y brindaba servicios para empresas de otros países.

En 2011, me especialicé en las normas ISO/IEC-27000, así como Ethical Hacking y aprobé varios cursos relacionados con una amplia gama de campos de seguridad de TI.

Estoy certificado por **PMP** y he liderado muchos proyectos de Seguridad de la Información desde 2011. También tengo el Certificado de Fundamentos de Ciberseguridad (**CSX**) de **ISACA**, organización que me otorgó un reconocimiento de membresía **PLATINIUM**.

La certificación CSX en Ciberseguridad demuestra conocimientos alineados con el Instituto Nacional de Estándares y Tecnología (**NIST**), Iniciativa Nacional para la Educación en Ciberseguridad (**NICE**), que es compatible con temas de ciberseguridad global, actividades y funciones laborales.

He sido parte del equipo de voluntarios del capítulo **OWASP** Uruguay desde 2012. He sido reconocido en todo el mundo por mi conocimiento de Blockchain y Cripto monedas, así como todos los aspectos que

implican su seguridad.

Mi perfil profesional en LinkedIn se encuentra en la siguiente dirección:

https://www.linkedin.com/in/nofear75

Curiosamente, no solo fui el primer hacker procesado con prisión en

Uruguay, sino también fui quien realizó el primer procedimiento de

Informática Forense en el año 2004 luego de la promulgación de la ley

de "producción de material pornográfico infantil". ¿Con todas estas

credenciales, no llamó la atención de los investigadores y de la justicia la

acusación que me hicieron?

La mencionada pericia fue mi primer trabajo luego de recibirme como Ingeniero en Informática. Fue un trabajo honorario. Colaboré en varias ocasiones en temas similares hasta que en el 2007 mientras estaba en las oficinas de **Interpol** escuché una conversación que me hizo tomar la decisión de no realizar más ese tipo de tareas.

Escuché unas carcajadas de un grupo de personas que se reían de un procedimiento en el cual por un tema relacionado con **pornografía infantil** allanaron el domicilio de una persona en un lugar alejado de Montevideo. Estuvieron **presionando** a la persona que ahí vivía hasta que esta asumió su culpabilidad casi **llorando** y orinándose encima. Luego, a la hora de completar el papeleo asociado con el caso, notaron que se habían equivocado en un número de la IP asociada con la investigación y sobre la cual habían solicitado información al ISP. La persona no tenía nada que ver con el asunto. **Somos todos seres humanos y merecemos un** trato respetuoso. **No me pareció nada gracioso** lo que a esta gente le

causaba tanta risa. No estaba ni jamás estaré dispuesto a ser parte de

algo así.

Una persona me dijo que esta presentación parece ser un *curriculum* en

lugar de una presentación. Es cierto, por encima de todo soy una

persona, con sentimientos y emociones que difícilmente se puedan

plasmar con palabras. Como todos, tengo una historia que me convierte

en lo que soy hoy en día, así como un montón de expectativas, deseos y

esperanzas.

Hoy en día para mí el mundo es mi mama y yo. Ella es mi familia y lo

único que me queda en esta vida.

<u>ANEXO IV – INFORME SOBRE ACTUACION PERICIAL</u> (art.

8 de la Reglamentación de la Ley No. 17.088 en la

redacción dada por la Ley No. 17.258).-

Montevideo..3.1..,....de octubre del 20 05..

Señor. Presidente de la

Suprema Corte de Justicia.-

Doctor Don DANIEL..GUTIERREZ

Presente.-

De mi mayor consideración:

Dr./a. LUIS.CHARLES........,

Titular del JUZGADO.LETRADO.PENAL..19ª.TURNO

de acuerdo a lo dispuesto por el art. 18.de la

Acordada No.-7.449. (Circular No.-.12../...)

cumplo en informar que el/la Perito.

Sr./a ALBERTO.DANIEL HILL... asesoró a la

Sede en los autos."GAVIÑO NESTOR.-ATTES-.Fª.98278/2004

Su actuación ha merecido del/de la

que   suscribe   la   siguiente   opinión:

Cumplió. la. pericia. que. le. fuera. encomendada..
a. plena. satisfacción,. demostrando. una. elevada
capacidad. técnica. y. un. dominio. pleno. de. su...
materia. .-.......................................
....

       Sin otro particular, saludo al Sr.
Presidente y por su intermedio a los demás
integrantes de la Corporación con mi más alta
consideración.

Firma

Sello

Dr. Luis Charles
JUEZ LETRADO

Figura 9 - INFORME SOBRE ACTUACIÓN PERICIAL

Realicé innumerable cantidad de cursos en todos los dominios de la seguridad de la información y en particular tomé **decenas de capacitaciones en Informática forense.** Los responsables de la investigación no se tomaron ni siquiera la molestia de ver mi perfil de LinkedIn.

El año pasado fui contactado por una editorial para redactar un libro sobre "*Computer Forensics Foundamentals*". He sido contactado por editores de revistas de Informática forense para redactar artículos. He sido invitado a eventos internacionales en la materia. Se puede decir que **competencia** en la materia, no me falta. No he concretado nada por mi delicado estado de salud que no me permite asumir ninguna tarea que implique responsabilidad.

Segundo Acto

Las órdenes de arresto

En una fría mañana de **septiembre de 2017** la **policía** llamó a mi apartamento. Pero no había nadie allí. Mi portero me transmitió el mensaje de que la policía quería hablar conmigo, así que al día siguiente fui a la comisaría local.

No podía imaginar lo que iba a pasar, que **no iba a volver a casa** durante muchos meses.

Sin esperar nada malo, entré a la comisaría. Los **policías no sabían lo que había pasado** y no sabían quién era yo. Así que les di mis datos y esperé pacientemente.

Después de algún tiempo llamaron por radio a sus colegas de la oficina de Interpol y todo cambió.

Me **arrestaron**, me **esposaron**, me **metieron en una celda**, me dijeron que entregara todo lo que me pertenecía, que me quitara el cinturón, los zapatos... supongo que es un clásico protocolo.

Curiosamente la policía no me leyó **mis derechos** ni me dijo el motivo del arresto.

Me llevaron a las instalaciones de la Interpol en Montevideo. Los policías me preguntaron si sabía por qué me llevaron allí y les dije que no.

Así que me dijeron el nombre de la institución de salud *Círculo Católico* y que el arresto estaba relacionado con un delito cibernético cometido contra esa compañía.

Inmediatamente **sentí un gran alivio,** porque recordaba todo lo que hice y sabía que había ayudado a mejorar la seguridad de ese sitio web... *"O eso pensé..."*

Me interrogaron durante aproximadamente 2 horas y **fui honesto** en todas mis respuestas. Algunas de ellas eran realmente ridículas. Fue absurdo que me preguntaran **"¿Cuál es tu perfil de Facebook?"** No podía creer lo que me estaban preguntando. No se necesitaron muchas preguntas para dame cuenta de que quien elaboro las preguntas **estaba lejos de dominar** los temas sobre los cuales preguntaba. No le pueden preguntar a alguien si accedió a determinado objeto de *genexus*[6] que tiene un nombre que es imposible recordar a menos que uno haya diseñado el sistema y/o trabaje en su mantenimiento de forma habitual. Al responder a esas preguntas diciendo "puede ser, no recuerdo exactamente los nombres" uno de los funcionarios interviene y me dice **"¿no te acordas? Yo te voy a ayudar a acordar".** Tan valiente era esa persona que, al yo preguntarle su nombre tras esa amenaza, la persona se ríe y no me contesta. Yo creía que esos funcionarios debían identificarse cuando una persona que ha sido detenida por ellos le pregunta el nombre. Tampoco sabía que está prohibido cruzarse de piernas en un interrogatorio. La misma persona de la **amenaza**, durante todo el interrogatorio se pasó **gritándome** cada vez que de forma inconsciente me cruzaba de piernas. Era por sí sola una situación muy incómoda, pero esta persona, quien luego supe se llamaba Winston Rodríguez, tenía un comportamiento que podría describirse como

---

[6] Herramienta con la que se creó el sistema del proveedor de servicios de salud.

"patotero". **No había necesidad** alguna dar un trato así a alguien que estaba **colaborando** lo más que podía.

La pregunta final fue si había enviado un correo electrónico (o más de uno) pidiendo que me pagaran en Bitcoins por no revelar registros médicos sensibles de la institución de salud. Eso me tomó por sorpresa y por supuesto dije que "no".

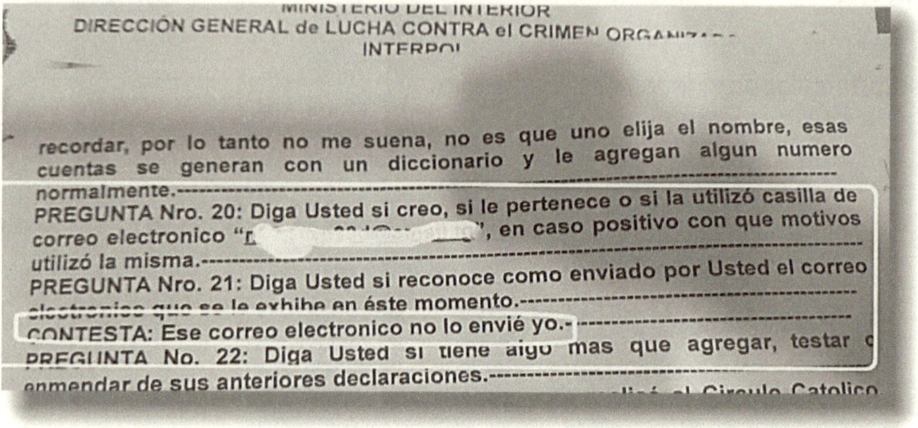

MINISTERIO DEL INTERIOR
DIRECCIÓN GENERAL de LUCHA CONTRA el CRIMEN ORGANIZADO
INTERPOL

recordar, por lo tanto no me suena, no es que uno elija el nombre, esas cuentas se generan con un diccionario y le agregan algun numero normalmente.--
PREGUNTA Nro. 20: Diga Usted si creo, si le pertenece o si la utilizó casilla de correo electronico "_____", en caso positivo con que motivos utilizó la misma.--
PREGUNTA Nro. 21: Diga Usted si reconoce como enviado por Usted el correo electronico que se le exhibe en éste momento.---------------------------------
CONTESTA: Ese correo electronico no lo envié yo.------------------------------
PREGUNTA No. 22: Diga Usted si tiene algo mas que agregar, testar o enmendar de sus anteriores declaraciones.---------------------------------------

Figura 10 - "No envié el correo"

"Ese correo electrónico no lo envié yo"

El *Círculo Católico* reportó el "ataque informático" a la policía. Al parecer tomaron los registros de su Firewall y los entregaron al CERT por correo electrónico, sin ningún tipo de **verificación** sobre la **integridad** ni **veracidad** de estos. ¿Pueden creerlo?

Las **pruebas digitales** deben conservarse tal como están y **almacenarse** en su formato original. Las pruebas deben conservarse adecuadamente,

la cadena de custodia de las pruebas tiene que estar intacta y

certificadas por una persona competente que garantice su integridad.

Nada de esto sucedió. Fue todo basado en intercambio de correos e

impresiones de supuestos log del firewall de la institución médica.

Ningún escribano certificó lo actuado.

Cuando lo piensas, ¿qué es una impresión de LOGS? ¡Podría estar

"imprimiendo logs" en este momento y acusando a la mitad de la

población de Uruguay de delitos informáticos!

Sin conservar los registros digitales originales, no se puede extraer

ningún dato, no se puede rastrear la dirección IP, no puede probarse

nada. **Lo peor es no poder pedir una pericia por una tercera parte** independiente que determine si las cosas se dieron como se relataron.

No veo como esto me vincula con este crimen. Pero el CERT tenía los dos correos electrónicos que les envié anteriormente en 2014 y 2015 y supongo que no había otras personas que les informaron de los defectos de seguridad del sitio web. **O tal vez no**, eso nunca lo sabre.

Supongo y esto es lo más frustrante, que decidieron ir por la **victoria fácil** y centrarse en mí.

Es **frustrante**, pero no me parece algo menor, y es por eso por lo que repito que ambos reportes, el acceso que se obtenía a la información de la mutualista se lograba sin "**hackear**" el sistema. El primer reporte era el uso de una **contraseña trivial** y luego el acceso mediante la modificación secuencial de números en URLs. Incluso podría haber sido indexado por Google y los registros médicos podrían haber aparecido en el motor de búsquedas. "**Hackeo**" es una palabra demasiado fuerte para **algo tan tonto**. Alguien con **conocimientos básicos** de informática y algo de curiosidad podría haber detectado lo mismo que yo detecté y reporté. ¿Quién dice que no fue eso lo que sucedió eso?

El principal delito que la policía estaba investigando fue un intento de extorsión del tipo *ransomware*. Intento frustrado porque como la compañía no pagó ningún Bitcoin, por lo que la persona que envió el correo electrónico no recibió nada. Tampoco fue revelada información alguna sobre la institución. Por lo que voy a explicar más adelante, nada se reveló pues nada se robó.

La caratula de mi causa es de extorsión en grado de tentativa y conocimiento fraudulento de información secreta. El delito de extorsión tiene un mínimo de 4 años de prisión. El conocimiento fraudulento de información secreta no es castigado con prisión sino con una multa.

Curiosamente, no estaba siendo investigado por **hackeo** o acceso no autorizado al sistema informático.

¡Es difícil de creer esto, pero estas cosas en ese momento no eran crímenes reales! El código penal de nuestro país no tenía estos delitos. Y aún no los tiene.

La divulgación de información confidencial o sensible ya sea mediante la fotocopia de documentos o el acceso a un sistema informático, es percibida por la ley de la misma manera.

El código penal se centra en gran medida en la divulgación o alteración de documentos / información. Así que, si decidiera hackear un sitio web hoy desde mi dirección IP de casa, la policía llegaría, buscaría el lugar, incluso me arrestaría, pero no podrían acusarme a menos que amenazara con revelar o alterar información.

En algún momento, la ley en Uruguay dejó de seguir los avances tecnológicos. Estamos en el año 2020, pero a veces se siente como si la ley todavía estuviera atascada en la década de 1900.

Figura 11 - Instalaciones Interpol Uruguay

Pasé todo el día bajo custodia. **Estaba confundido,** no sabía cuál era mi situación.

Deseaba tener un abogado conmigo... Deseaba no estar solo a merced de un grupo de **"patoteros"** y **"arrogantes"** que solo decían **disparates** y no paraban de gritarme.

En un momento la policía me dijo que tenía registros de mi proveedor de servicios de Internet que mostraban que el correo electrónico extorsivo se envió desde una **dirección IP** que se me asignó cuando se envió el correo.

Aparentemente también había una conexión al sitio web desde la dirección IP que se me asignó en ese momento. **Yo sabía que el oficial de Interpol me estaba mintiendo**[7].

De acuerdo con las impresiones en papel de los registros de **firewall** suministrados por el proveedor médico, se llevó a cabo un escaneo de puertos contra su sitio web desde mi dirección IP comprobando si ciertos puertos estaban abiertos o no. No está de más aclarar que esto se denomina "*portscanning*" y algo tengo claro, un "*portscanning*" no es un delito alguno. Los registros escuetos además muestran que el firewall hizo lo que se denomina "*drop*" de las conexiones de ese escaneo de puertos. **Eso significa que no se vulneró sistema alguno y no pasó nada.** Los registros muestran que las alertas sobre eso fueron **falsos positivos**

_____

[7] Y me estaba mintiendo. Nada de lo que me dijeron se encuentra en el expediente.

que se dan todo el tiempo cuando la herramienta genera alertas sobre

determinados eventos. En realidad, **no había información detallada**, así

que no puedo decir más.

Pero no había evidencia de ningún inicio de sesión en el sistema

(ingreso al sistema), no había descarga de información, nada. Ni

siquiera en las impresiones en papel.

Sabía que eso no era posible, pero ese fue el comienzo de mi peor

pesadilla.

Pensé que estaba haciendo lo correcto y que había informado debidamente de sus hallazgos al CERT nacional.

Me encontré detenido e interrogado bajo custodia policial, pero lo peor estaba por venir... Todo lo que podía salir mal, estaba saliendo mal.

Tres policías de la oficina de Interpol me llevaron a mi apartamento el 10 de septiembre de 2017. Todavía estaba bajo custodia.

Contrariamente a los informes de los medios de comunicación subsiguientes, **la policía no sabía** nada de mí, de mis **antecedentes**, de mi **trabajo** o de mis **aficiones**.

Se **sorprendieron** por lo que encontraron en mi casa. Supongo que, si hubieran hecho su tarea, habrían sabido qué encontrar en la vivienda de alguien que pasó la mayor parte de su vida en **seguridad informática**.

Cuando entramos a mi apartamento, los oficiales de policía no podían creer la cantidad de dispositivos, computadoras, gadgets, medios de almacenamiento digital, partes de computadoras y otras cosas que vieron.

Y la mayoría de ellos, no tenían ni idea de lo que estaban mirando. La siguiente es una foto de mi oficina tomada en junio de 2020, lugar donde trabajaba.

Figura 12 - Mi oficina, junio 2020

Creo que, ante la **ignorancia**, algo **desconocido** o **atípico** hizo que los

funcionarios pensaran que todo lo que tenía era una **amenaza** e

instrumento para **delinquir**. Es triste [2] tan acotada capacidad de entender a una persona con determinado perfil bien definido y

herramientas con las cuales trabajaba en temas que eran y son

incomprensibles para los funcionarios que participaron en el

procedimiento.

Reitero que me encantan todos los aparatos informáticos, en particular

los relacionados con la seguridad. Si no recuerdo mal, tenía todos los

dispositivos que estaban disponibles en la tienda Hak5[8] en ese

momento. Varios "desparecieron" y **no aparecen en lo incautado ni en mi**

casa.

Así que tenía un más de 7 computadoras portátiles de diferentes edades

y especificaciones, 5 teléfonos móviles y tarjetas SIM, algunos

---

[8] Hak5 es una empresa dedicada a fabricar dispositivos de vanguardia para hackeo ético.

microcontroladores de una sola placa Arduino, dos Raspberry Pis,

toneladas de discos duros, una gran cantidad de tecnología antigua.

Incluso tenía los disquetes de 3 pulgadas utilizados por los *Amstrad* en

la década de los 80.

También tenía un Spectrum Plus 3, un par de computadoras **Sinclair**,

todo tipo de disquetes, unidades flash compactas **SanDisk**, básicamente

cualquier pieza de tecnología que se utilizó a lo largo de las últimas

décadas.

La policía incluso se apoderó de una unidad de cinta **Iomega 250**. No sé

cómo planearon analizar eso.

Probablemente también consideraron tomar el viejo modulador

BlonderTongue para transmisiones de televisión, pero lo dejaron porque

no pudieron averiguar para qué era...

Tenía algunos bitcoins, pero no todos eran míos. Algunos pertenecían a

mi exnovia. Almacené nuestras claves privadas de bitcoins en una

billetera de hardware "*Ledger Nano S*".

Tenía numerosas billeteras de criptomonedas por hardware de la marca

"*Ledger*", una caja de ellos en realidad, debido al hecho de que estaba

trabajando con la compañía francesa que los produjo. Fui distribuidor

aprobado de productos "*Ledger*" en Uruguay y en Paraguay.

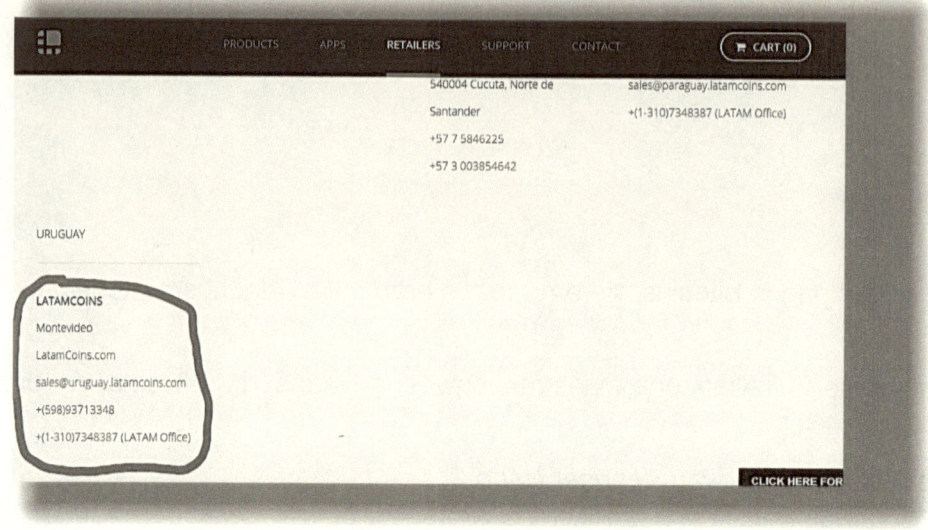

Figura 13 – Representante de Ledger Wallets en Uruguay

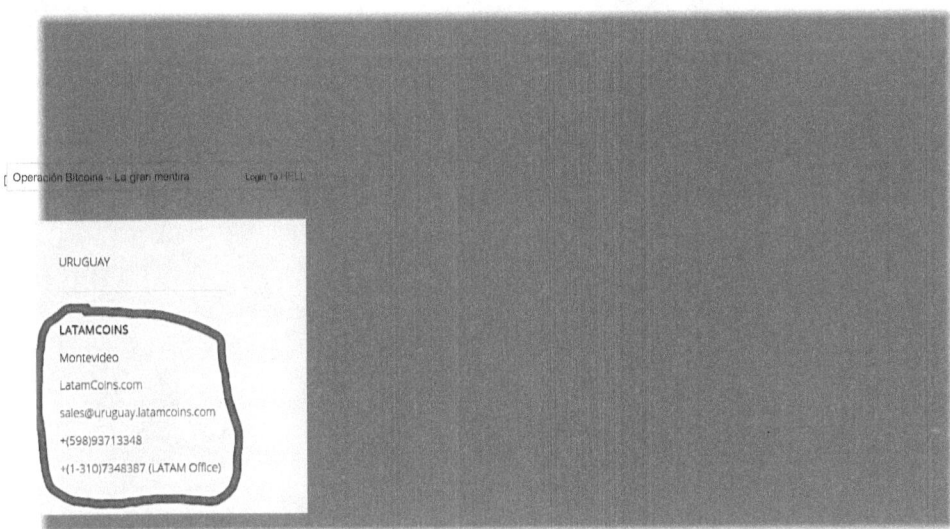

URUGUAY

LATAMCOINS

Montevideo

LatamCoins.com

sales@uruguay.latamcoins.com

+(598)93713348

+(1-310)7348387 (LATAM Office)

Figura 14 - Incluido en la lista de resellers mundiales de Ledger.

Figura 15 - importación de Billeteras Ledger

Figura 16 - importación de Billeteras Ledger

Figura 17 - importación de Billeteras Ledger

Figura 18 - importación de Billeteras Ledger

Figura 19 - Ledger Nano S, Incautada pero la policía no la devolvió

La información en ese sentido estaba en el sitio web de *"Ledger"*. Y como sabes, los bitcoins no son ilegales, a pesar de que está siendo abusado por los delincuentes, como cualquier otra tecnología: teléfonos inteligentes, coches, Internet en general.

Todo tenía una explicación y nada podría haberse relacionado explícitamente con actividades ilegales.

El problema, sin embargo, era que los agentes de policía **no querían escuchar ninguna explicación. Querían mandar a alguien preso y cerrar un caso.** Para ellos todo tenía un vínculo con la **criminalidad.** Los bitcoins fueron mencionados en la supuesta carta de extorsión al Círculo Católico. Así que la policía juntó dos y dos y dio cinco.

La policía tenía una orden judicial para la búsqueda e incautación de

"medios electrónicos". Interpretaron esa definición de manera muy liberal

y selectiva.

Más tarde me di cuenta de que la **orden de registro** estaba **gravemente**

defectuosa.

En realidad, nombró al acusado como "**Álvaro** Daniel Hill", en lugar de Alberto.

La fecha autorizada por la Juez para la búsqueda era incorrecta. Era el **7 de septiembre** en lugar del **10 de septiembre**.

Efectivamente, hubo tantas **irregularidades** en esta búsqueda que no creo que nada de lo que se tomó pudiera haber sido utilizado como evidencia legalmente admisible. Se basó en documentación legal completamente defectuosa.

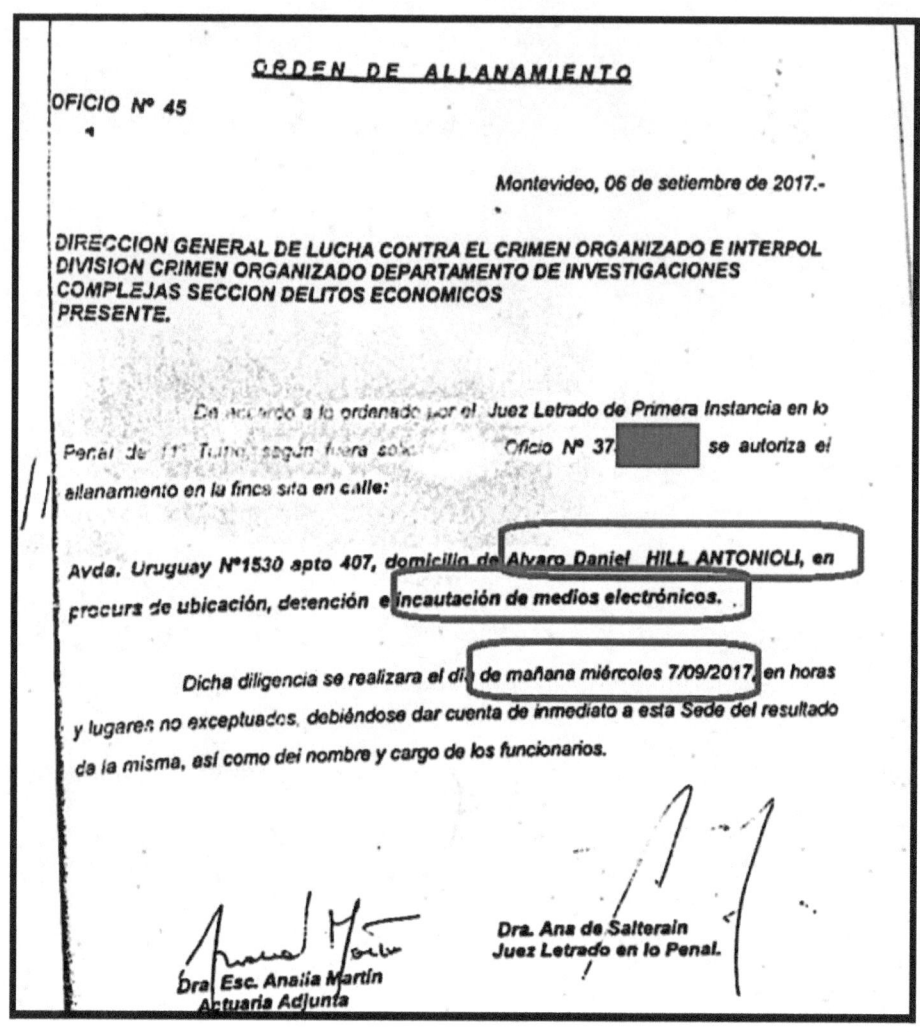

Figura 20 - ORDEN DE ALLANAMIENTO LLENA DE ERRORES

Y fue una **broma**, la forma en que se llevó a cabo la búsqueda. Debido a

que los policías llegaron sin estar preparados y estaban abrumados por la cantidad de elementos tecnológicos que encontraron que tuvieron un

problema con empacar todo y sacarlo de mi casa.

No tenían **medios de almacenamiento**, ni **bolsas de evidencia**, nada.

Creo que estaban esperando encontrar en mi apartamento un PC de

escritorio que uno podría llevar bajo su brazo. Así que empezaron a

tomar **bolsas**, **mochilas**, **valijas** y **cajas** de cartón de mi apartamento **para**

cargar todo el equipo incautado.

¿Se imaginan este nivel de **ineptitud**? ¿Enviando gente a ese trabajo que

no tenía ni idea de lo que se debía hacer? Ni una sola bolsa de

evidencia, ni una sola bolsa **antiestática** para discos duros, ni una sola

bolsa **Faraday** para dispositivos móviles. Ni un registro apropiado de los

elementos incautados.

Esto demuestra una incompetencia **grave**, creo; esto y la incautación de artículos al azar no relacionados como pegatinas bitcoins, monedas bitcoins coleccionables físicas, una máscara de plástico a la que llamaron **"una máscara de Anonymous"**, una guillotina para cortar papel, una linterna LED, una trituradora de papel... (para los registros oficiales, quedó registrada como "picadora de papel"). Había dos destructoras de documentos *"fellowers"* en mi casa, se llevaron el modelo más caro y dejaron la otra destructora en mi hogar.

Figura 21 - "BITCOINS" incautados por la policía. Su trofeo.

Solo con esa orden de allanamiento repleta de errores, allanaron mi

domicilio e hicieron un registro con **información deliberadamente falsa.**

Fueron hasta el garaje donde tenía estacionado mi vehículo, en otra

dirección, en **una propiedad privada**, ingresaron al mismo y registraron

mi vehículo **sin ninguna orden judicial**. Se retiraron de mi domicilio como

dando por cumplido el procedimiento, pero antes de que caiga el sol

regresaron a llevarse las impresoras, guillotina y otros elementos.

Y repito, la información que forma parte del expediente con referencia al allanamiento es **deliberadamente falsa** y no refleja los eventos tal cual sucedieron ni reflejan lo realmente incautado.

¿Con un acta de allanamiento se puede hacer todo esto? **¿En este caso no se debió contar con 4 ordenes?** Una para el allanamiento inicial de mi domicilio, otra para el ingreso al garaje privado, ¿otra para el allanamiento de mi vehículo y otra para la segunda vez que ingresaron a mi domicilio? Estas personas al parecer tienen permiso para hacer lo que deseen sin ser cuestionados ni sancionados por **actuar de forma ilegal.**

De todos estos procedimientos, que llevaron tal vez **unas 6 horas**, este vergonzoso papel es lo que quedó en el expediente como registro:

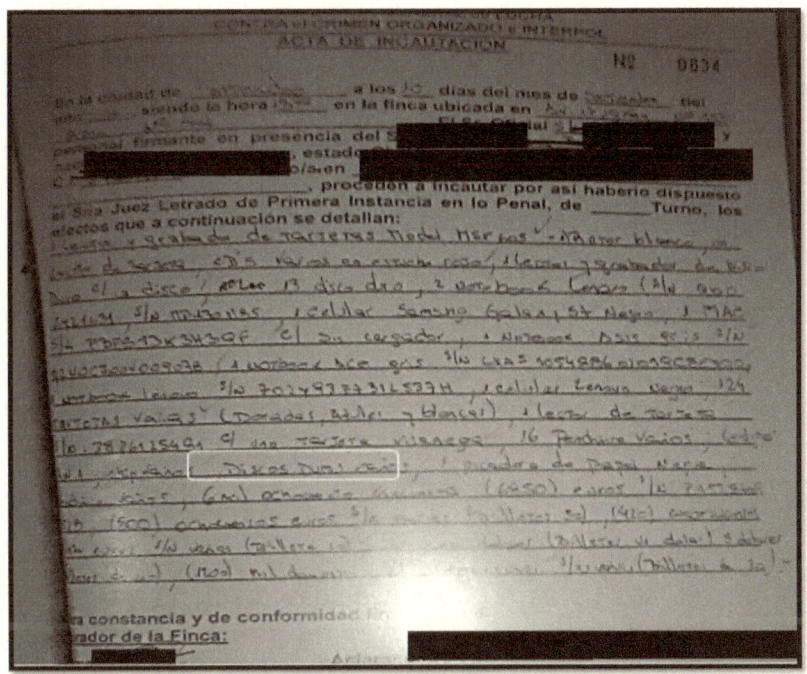

Figura 22 - Papel de almacén que figura como "Acta de Incautación" con Información

deliberadamente falsa

Este registro da **vergüenza**, va en contra de todas las buenas prácticas

en **informática forense** y recolección de evidencia en formato digital.

Como pueden unas 6 horas de un procedimiento como el que realizaron quedar registrado en una hoja con **información falsa**, **información incorrecta** e **información que debería figurar**, pero no aparece en el papel.

En realidad, el grado de **desprolijidad** de estos individuos no se debe subestimar. Dejaron tirado en el piso de mi apartamento el acta que comenzaron a llenar a la hora que ingresamos, 11:45 am. El acta del expediente tiene a las 13:30 como hora de inicio. ¿Qué pasó en esa **ventana de casi dos horas no documentadas** donde yo me encontraba solo, esposado y soportando los **gritos** e **insultos** de los funcionarios de Interpol? Les puedo asegurar que no nos sentamos a tomar un café y hablar de fútbol.

Fue en esa **ventana** donde uno de los funcionarios se acercó a mí y me dijo claramente que a menos que yo reconociera que envié el correo

electrónico, ellos iban a ir a darle vuelta la casa a mi madre y a mi

exnovia y las dos iban a pasar muy mal. Ese fue un golpe bajo donde

más me dolió y no me costó mucho tomar la decisión de admitir el envío

del correo. Inocentemente suponía que en los siguientes días iba a

poder tener acceso al material de la investigación y aclarar todo. Fue

muy inocente de mi parte. Pasó más de un año para que pudiera tener el

expediente en mis manos por unos pocos minutos. Había 1000 hojas en

un expediente plagado de **irregularidades**, **ilegalidades** y **errores técnicos**

que me permitían defenderme de las acusaciones, pero tuve que estar

preso 8 meses, y esperar 6 meses más para ver **esa basura titulada**

"expediente".

"Lo que no vemos nos condiciona la vida mucho más de

lo que parece[9]".

República Oriental del Uruguay
MINISTERIO DEL INTERIOR
DIRECCION GENERAL de LUCHA
CONTRA el CRIMEN ORGANIZADO e INTERPOL
ACTA DE INCAUTACIÓN   Nº   0795

En la ciudad de _Montevideo_ a los _10_ días del mes de _Setiembre_ del año _2017_, siendo la hora _11:45_ en la finca ubicada en _Uruguay 1530 Apto. 407_ _____ El Sr. Oficial _____ y personal firmante, en presencia del Sr/a: _Alberto Daniel HILL Antevier_ nacionalidad _oriental_, estado Civil _soltero_, de _42_ años de edad C.I. _3.874.479_, domiciliado/a en _Uruguay 1530 Apto. 407_ _____, proceden a incautar por así haberlo dispuesto el Sr/a Juez Letrado de Primera Instancia en lo Penal, de _11er_ Turno, los efectos que a continuación se detallan:

Figura 23 - Acta que no se anexo al expediente

Acta con hora de inicio correcta. No figura en el expediente.

---

[9] "La casa de papel"

"Lo que no vemos, es también lo que más nos obsesiona[10]"

Al no ver reflejado en el expediente los hechos tal cual se dieron, en cierto sentido, se convirtió en una obsesión cuando pude ver que era algo recurrente en todo el expediente. **Información clave faltante, actuaciones básicas que no se realizaron, etc.**

---

[10] "La casa de papel"

¡Satoshi Nakamoto[11] es uruguayo!

Durante el allanamiento y en medio de todos los gritos de la gente de Interpol haciéndome preguntas sobre cada cosa que encontraban, preguntas que en su mayoría eran ridículas, el funcionario Winston Rodríguez, el que se notaba más agresivo en su forma de hablar y al no dejar de gritarme para que "me dejara de mentiras", me exigió que le dijese de donde obtenía yo los bitcoins. Mi respuesta a su pregunta fue que lo hacía de diferentes formas, la más común de las cuales era en "Local Bitcoins". Al darle esa respuesta me gritó que no le tome más el

---

[11] Satoshi Nakamoto es la persona o grupo de personas que crearon el protocolo Bitcoin y su software de referencia. En 2008, Nakamoto publicó un artículo en la lista de correo de criptografía metzdowd.com que describía un sistema P2P de dinero digital.

pelo y le diga la verdad, ya que a él no le podía mentir en ese tema. "Yo

hace 10 años que conozco a los bitcoins", me gritó el agente Rodríguez

(era setiembre de 2017, los bitcoins existían desde hacía **8 años**). Para

mí esto fue una demostración de arrogancia combinada con ignorancia

en su máxima expresión. Da miedo saber que personas así puedan

determinar y marcar el futuro de una persona con sus acciones.

Volvimos a las oficinas de la Interpol para más interrogatorios.

Durante la búsqueda, la policía también encontró más de cien tarjetas magnéticas en blanco y un dispositivo de escritura / lector de tarjetas.

Así que estaban absolutamente seguros de que yo estaba en el negocio del "*carding*[12]", lo que significaba que estaba clonando las tarjetas de crédito de la gente y las usaba para robar dinero de sus cuentas bancarias.

No consideraron, ni siquiera por un segundo, que podría haber otras explicaciones. De hecho, las hay y no requieren más que un poco de

---

[12] Actividades fraudulentas con Tarjetas de crédito / débito.

capacidad de análisis y bases sólidas en temas de seguridad informática

para manejarlas como alternativas **más razonables y menos simplistas.**

Si la policía hubiera hecho algún **perfil o cualquier investigación,** habrían

descubierto que yo era el distribuidor de **tarjetas de débito Uquid** para

América Latina.

Uquid, en el momento en que yo estaba involucrado, era un proyecto de

sistema de pago con criptomonedas.

UQUID

UQUID Core Team

Tran Hung
CEO
Tran has 6 years experience in blockchain trading. His passion is to help blockchain reach the world of shopping. making it easier for everyone to use cryptocurrency.

HristoMargov
CBO
Hristo is experienced in project management. He is a Lead Engineer contractor at Jaguar Land Rover, with strong business acumen. He has joined, to develop the UQUID Ecosystem.

Dang Hung
CTO
Dang has 9 years of experience in software development for medium and large financial institutions as well as 5 years of experience working with blockchain technology and cryptocurrencies.

AnnaKyosova
Business Operations Advisor
Anna is experienced entrepreneur in launching start-ups, recently credited by LSE in the field of Open Innovations.

Amy Randle
Marketing Manager
Amy is a marketing expert. Before joining Uquid she started her independent business as a marketing and freelancer designer.

Alberto Daniel Hill
Business Development
Alberto is a computer engineer, with 15+ years of working experience directly linked to Information Security . He also has the Cybersecurity Fundamentals Certificate (CSX) from ISACA.

Norbert Radoki
PR Advisor
Norbert is the CEO at Bitcoinist.com, one of the fastest growing cryptocurrency news sources. His goal and passion is to make cryptocurrencies as popular as possible.

Anh Nguyen
Developer
Anh has 6 years working in software development. Before joining Uquid he started his independent business as a blockchain freelancer developer.

Michael Folling
Designer
Michael is senior designer who loves making creative assets. He has 10 years working as designer and never stop making creative content.

Figura 24 - Uquid project core development team, donde estoy incluido

No voy a entrar en los detalles aquí para no restarle importancia a mi historia, pero se puede echar un vistazo a la nota técnica del proyecto en la nota al pie[13].

Estas tarjetas Uquid, podrías cargarlas con criptomonedas que luego se podían utilizar como medio de pago universal.

Todo el equipo que tenía relacionado con tarjetas era para fines de investigación. Necesitaba entender cómo funcionaban las tarjetas y también probar sus características de seguridad. No es ilegal tener tarjetas magnéticas en blanco, y el lector de tarjetas / dispositivo de escritura se puede comprar abiertamente en Internet. Es más, la mayoría

---

[13]https://uquidcoin.com/pdf/UQC%20-%20Whitepaper.pdf

de los hoteles cuentan con esos dispositivos para dar acceso a las

habitaciones mediante tarjetas magnéticas.

Experimenté un buen tiempo con este equipo y es también por eso que

la policía encontró una serie de tarjetas de crédito y débito reales. Todas

eran válidas y todas estaban a mi nombre, muchísimas de ellas

vencidas, pero también muchas validas y con importantes saldos que,

tras casi tres años después del allanamiento, no me fueron devueltas.

La policía preparó **un comunicado de prensa** relacionado con la

investigación, que influyó en lo que más tarde se publicó en las noticias.

Esto incluyó el periódico más importante de Uruguay, que publicó la

historia acompañada de una fotografía de las tarjetas, el equipo de la

tarjeta y la descripción:

"El hacker también estuvo involucrado en la clonación de tarjetas de crédito".

Publicar estas cosas y hacerlo de esa manera fue muy **irresponsable** y poco **ético**.

Básicamente, fue un juicio a través de los medios de comunicación antes de que algo fuera probado o desmentido. Una declaración concluyente con la que no pude debatir ni mostrar mi versión de la historia. No tuve forma de limpiar mi nombre.

Ahora, luego de que la pericia de lo incautado no encontró nada ilegal y se ordenó me sea devuelto todo, ¿saben cuántas tarjetas fraudulentas se encontraron?

Cero, ninguna.

Nunca cloné tarjetas de crédito más que tarjetas mías con fines de investigación.

Incautaron la siguiente cantidad de dinero en el apartamento:

- 8.000 euros;

- 1.400 dólares estadounidenses;

- 3.000 pesos uruguayos;

- 150 reales brasileños.

Y dejaron tirado en el piso o en cajas otra cantidad de dinero de otros países y algunos pares de miles de pesos uruguayos en monedas que se negaron confiscar.

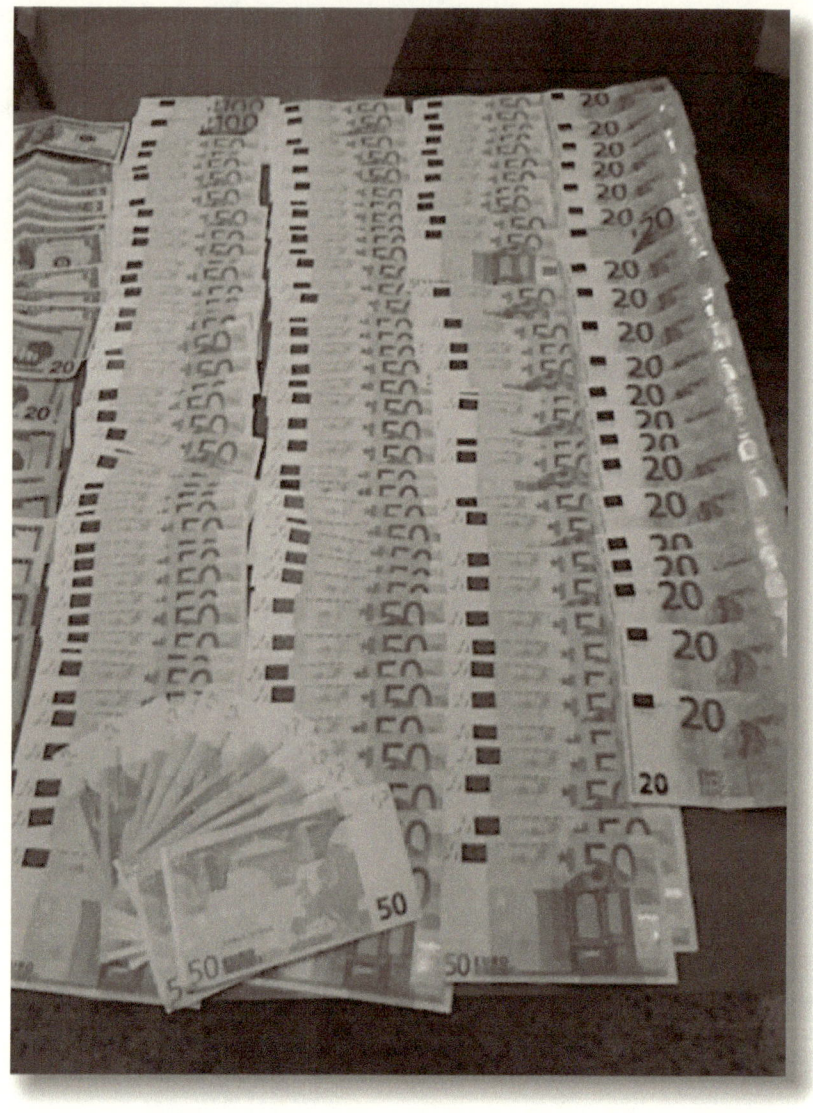

Figura 25 - FUENTE: WWW.MINTERIOR.GUB.UY

Lo que dejaron fueron cantidades pequeñas de monedas argentinas, paraguayas y chilenas. Este dinero no fue incautado por alguna razón y fue dejado en el apartamento.

Tuve ese dinero en efectivo de la foto como resultado de comprar / vender criptomonedas en "*Local Bitcoins*".

Una vez más, había una explicación perfectamente normal a este dinero y traté de comunicarlo a la policía.

Aquí están mis perfiles de Bitcoins locales que usé en ese momento:

- https://localbitcoins.com/accounts/profile/nofear75/
- https://localbitcoins.com/accounts/profile/nofear1975/

Ese dinero en mi apartamento no era una gran cantidad. La mayor parte del dinero que tenía estaba en Bitcoins y otras criptomonedas, en carteras seguras o en cuentas de intercambio de criptomonedas.

La policía no pensó en investigar esto y entender los mecanismos de almacenamiento de valor en el *blockchain*.

Sin embargo, me causaron un daño irreparable. Perdí una gran cantidad de dinero de las carteras de intercambio después de que mi teléfono celular con 2FA (***Factor de doble autenticación***) para esas cuentas en línea fue incautado.

Les ofrecí todos mis códigos PIN, credenciales, etc. Tenía muchas pruebas que justificaban el origen de los fondos. Una vez más, nadie quería escuchar.

Sólo recuperé mi teléfono celular con 2FA en noviembre de 2019. El *Exchange* donde tenía todas mis criptomonedas en línea había desaparecido un año atrás. El celular jamás fue periciado, por lo que la pérdida sufrida pudo ser totalmente evitable si la justicia hubiese tenido la voluntad de evitarme un perjuicio tan grande. Lo que siento por esta situación no lo puedo describir con palabras.

El teléfono en sí está actualmente en manos de un notario como prueba para cualquier acción legal contra la policía o el poder judicial.

No sé exactamente qué pasó con el teléfono mientras lo tenía la policía, pero sé que todavía estaba encendido mientras estaba en el depósito de pruebas de la policía. Hasta ahí llegaba su esfuerzo por preservar la evidencia digital...

Lo siguiente es de los errores más graves en lo que refiere al tratamiento de evidencia digital. El teléfono fue incautado el 10 de septiembre, pero desde el 11 de septiembre hasta el 15 de septiembre de 2017 todavía estaba encendido y conectado a Google. Tomé una captura de pantalla de la línea de tiempo de mi cuenta de Google.

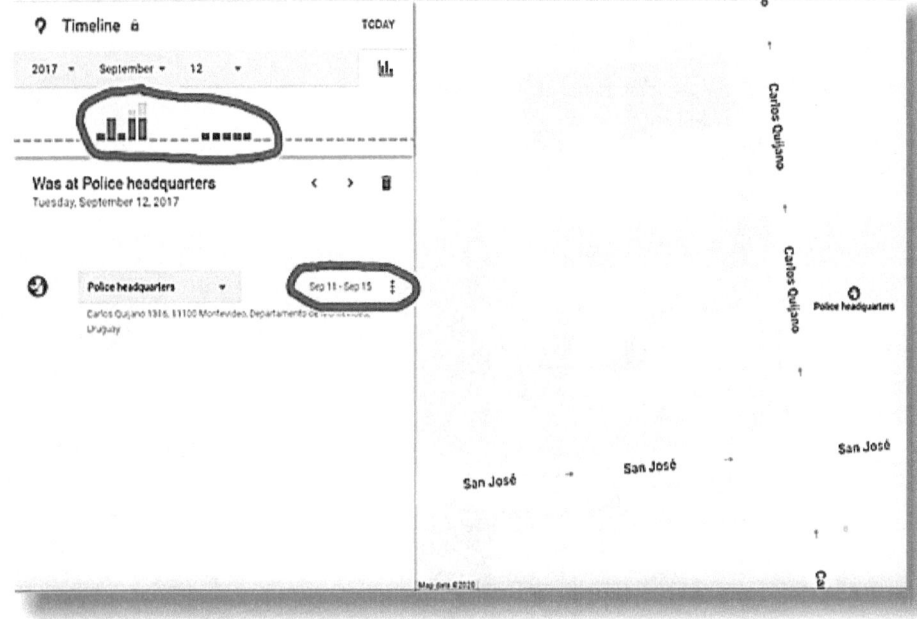

Figura 26 – "Was at police Headquarters"

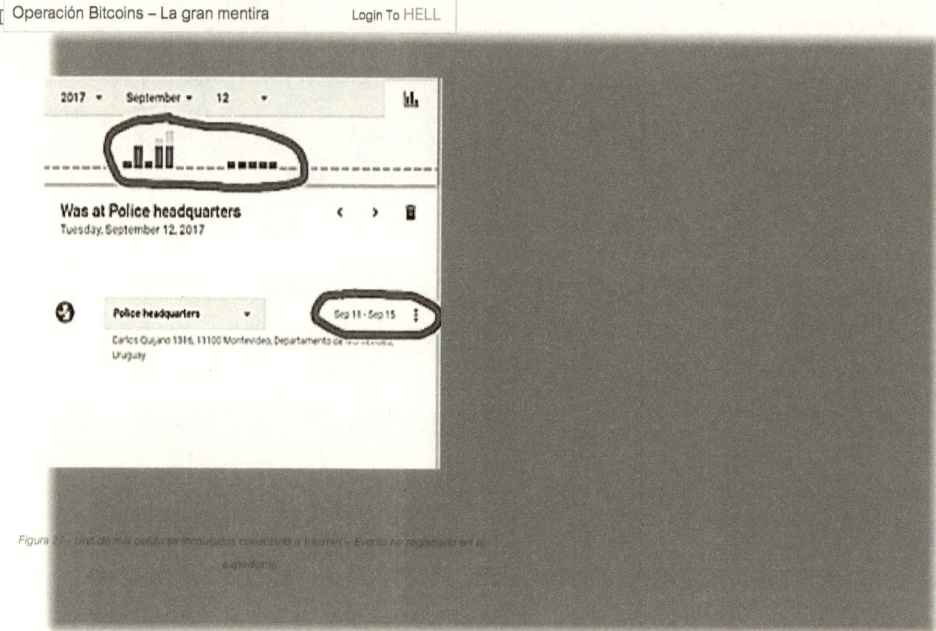

Figura 27.- Uno de mis celulares incautados conectado a Internet – Evento no registrado en el expediente.

Absolutamente todo lo que se hace con el material incautado debe

quedar registrado de forma tal de que una tercera parte independiente

puede tomar el registro y reproducir lo actuado, con el objetivo de

confirmar si el resultado es el mismo que el obtenido inicialmente. No se puede tomar acciones sin registrarse apropiadamente.

En cualquier lugar del mundo, el haber tenido el celular en ese estado sin ningún registro que lo justifique, o peor aún, sin ningún registro dejando constancia de la situación, haría que el dispositivo perdiera cualquier valor como posible evidencia. En un escenario así, la falta de garantías permite fácilmente plantar evidencia en el equipo incautado. Es algo gravísimo. La documentación de todo lo que se hace con la evidencia es lo más importante en un proceso de estas características luego de la regla número uno que es su preservación, nunca trabajando sobre los medios electrónicos sino sobre imágenes de la información almacenada en los mismos. Personalmente me siento agraviado porque no cuidaron mis equipos y la información que en ellos tenía almacenada, información de la cual no soy dueño sino custodio, como respaldos de trabajos de mi madre y el trabajo de toda una vida de Allan Jay Friedman quien vive en los Estados Unidos de Norteamérica.

Por la viveza de esta gente, perdí todo lo almacenado en un pendrive marca *Corsair* que encripta por hardware la información mediante una batería que se va recargando al conectarse regularmente a una computadora. Luego de dos años la batería se descarga completamente y no hay forma de recuperar lo almacenado.

Se presentó un escrito donde ofrecí voluntariamente brindar a la policía técnica todas mis claves, PINs, credenciales de acceso a sistemas, etc... Increíblemente no se aceptó. Si se hubiese actuado coherentemente no hubiese sufrido este daño irreparable. Dichos daños van más allá de lo económico ya que dañan mi imagen y la confianza de la gente que en mí confió para resguardar su información. Eso es irrecuperable.

Investigando y haciendo consultas con referentes mundiales en Informática Forense, no conocen casos donde se haya rechazado una propuesta como la que hice. Me gustaría mucho saber los argumentos en los que los actores judiciales se basaron para llegar a la resolución que llegaron.

Casi 48 horas, dos días largos.

Y fueron mucho más largos para mí ya que durante todo ese tiempo no me dieron ninguno de los medicamentos que tomo, **medicación** para la **ansiedad** y medicamentos para mi déficit de atención, todo lo cual me hizo estar en un estado de **confusión**.

La falta de medicación realmente me puso **ansioso, nervioso** y **agitado**. Al también sufrir de asma y estar en condiciones que me desencadenaron ataques donde no podía respirar, eso me causaba una desesperación que me tapaba aún más los bronquios. Eran días muy fríos y no contaba con abrigo apropiado. Todo ese cuadro no solo impedía que pudiera pensar con claridad, sino que me "dejaba llevar" por la situación por temor a sufrir algún problema grave de salud a raíz de todo.

Sólo quería que todo eso terminara. Pero el interrogatorio continuó.

Los oficiales de policía estaban, supongo que la palabra adecuada aquí es "jugando" con algunas de las computadoras incautadas y tuve que advertirles que había dos *USB Killers* entre mis dispositivos.

Les pedí que fueran muy cuidadosos y les expliqué que, si conectaban

un *USB Killer* a cualquier dispositivo, causarían una destrucción total de

los circuitos de la placa base.

Figura 28 - Uno de mis USB Killers

Los *USB Killers* son básicamente memorias USB que generan una sobrecarga de energía cada vez que se conectan a un puerto USB alimentado. Están diseñados para probar los circuitos de protección contra sobretensiones de los dispositivos digitales, pero los ordenadores domésticos no son compatibles con ellos.

Estos *USB killers* son ampliamente utilizados por los *penetration testers*, personas que prueban hardware, varias agencias gubernamentales, organizaciones policiales... Se pueden comprar abiertamente desde Internet.

Traté de explicar todo eso a los oficiales, pero cayó en oídos sordos. Claramente no tenían comprensión de la tecnología y parecían desinteresados, incluso si significaba dañar accidentalmente la evidencia potencial.

El domingo me llevaron al Juzgado donde conocí al fiscal, quien me hizo algunas preguntas irrelevantes. Luego me trasladaron de vuelta a las instalaciones de la Interpol, donde pasé mi segunda noche bajo arresto. Otra noche muriéndome de **frio**, con **angustia** y **ansiedad** que me **dificultaban respirar**, sin tener acceso a ningún medicamento. Esto es algo que repito pues me parece algo básico preservar la salud de una persona en una situación de esas características. **Parece que una vez que nos ponen las esposas, dejamos de ser personas.**

certuy Centro de Respuesta a Incidentes de
Seguridad Informática del Uruguay

agesic

Estado de situáción – Círculo Católico
9 de febrero de 2017

El 9 de febrero de 2017, personal de Círculo Católico reportó a CERTuy que sus sistemas fueron vulnerados, que un tercero obtuvo información secreta desde sus sistemas, además, recibieron correos electrónicos extorsivos para obtener una suma de dinero a cambio de la no divulgación de esa información. CERTuy se dirigió al Círculo Católico para brindar apoyo en la determinación del vector de fuga de la información.

La información que se pudo recabar se detalla a continuación:

El 1ero de febrero de 2017, personal de informática del Círculo Católico detecta intentos de ataques del tipo inyección SQL al servidor web, que contiene dos aplicaciones expuestas a internet. Ese día, personal del Círculo Católico reporta la situación a CERTuy y acorde a lo comunicado, también reportan a la sección de Delitos Informáticos de la Policía. Estas alertas se registran desde el día 31 de enero de 2017 hasta el día 1ero de febrero de 2017, y las IPs involucradas son dos IPs dinámicas de Uruguay (186.54.156.109 y 186.54.166.161) parte de la actividad detectada se detalla en el Anexo I.

El 8 de febrero de 2017 personal del Círculo Católico recibe tres correos con amenazas sobre divulgación de información sensible en redes solciales y medios de prensa, instigando a que se realice un pago en bitcoins para que esto no ocurra. A continuación se detalla el contenido de uno de los correos electrónicos recibidos. En el Anexo II se pueden ver los Headers del correo electrónico.

```
----- Mensaje reenviado -----
De: n33d4sp33d@email.tg
Para: enfermeria@circulocatolico.com.uy, comunicaciones@circulocatolico.com.uy,
tecnica@circulocatolico.com.uy, saludmental@circulocatolico.com.uy,
programamujer@circulocatolico.com.uy,
atencionalusuariocentral@circulocatolico.com.uy,
filiaciones@circulocatolico.com.uy, cide@circulocatolico.com.uy
Enviado: Wed, 08 Feb 2017 22:22:49 -0300 (UYT)
Asunto: Fwd[2]: Publicacion con listado de socios del vuestra mutualista con VIH positivo
```

Subject: Publicacion con listado de socios del vuestra mutualista con VIH positivo

Estimados:

Sus sistemas de informacion estan comprometidos, hemos copiado

Número de caso	[#20793]
Descripción	Estado de situación – Círculo católico
Fechas	Recepción [09/02/2017]	Cierre [10/02/2017]	Informe [010/02/2017
Severidad	MUY ALTA
Tipo	Incidente

CONFIDENCIAL

Figura 29 - Fuente: Expediente

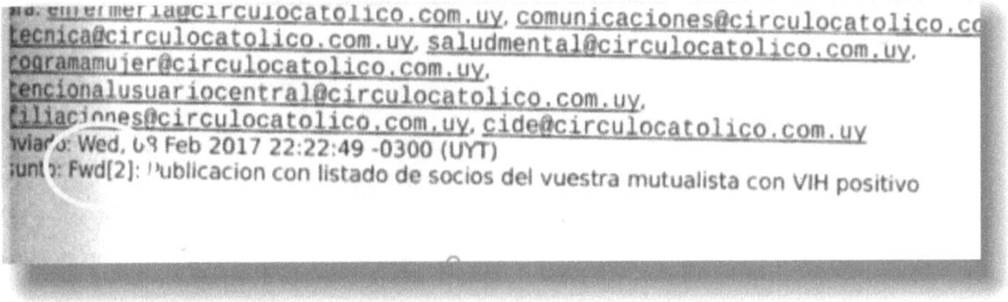

enfermeria@circulocatolico.com.uy, comunicaciones@circulocatolico.co
tecnica@circulocatolico.com.uy, saludmental@circulocatolico.com.uy,
rogramamujer@circulocatolico.com.uy,
encionalusuariocentral@circulocatolico.com.uy,
filiaciones@circulocatolico.com.uy, cide@circulocatolico.com.uy
viado: Wed, 09 Feb 2017 22:22:49 -0300 (UYT)
sunto: Fwd[2]: Publicacion con listado de socios del vuestra mutualista con VIH positivo

Figura 30 - ¿Forward?

No se logra ver con claridad la hoja que contiene una impresión del
supuesto mail con la tentativa de extorsión, pero se logra leer en el
asunto (marcado en color amarillo) del correo "FWD" (reenviado) por lo
que esa supuesta impresión de un mail, supuestamente extorsivo ni
siquiera es original sino un reenvío de una dirección a otra. ¿Dónde está
el mail original en su formato digital? ¿O el supuesto extorsionador
mando un mail reenviado al proveedor de servicios? Son todos
elementos incoherentes. Lo que más preocupación me causa es el
hecho de que estos elementos clave no fueron mencionados en ninguna

instancia: ni en los interrogatorios con Interpol, ni por parte de la fiscalía,

cuando son aspectos sobre los cuales debería buscarse una explicación

ya que tal cual se presentan, plantean muchísimas interrogantes sobre lo

que se denuncia y sobre lo que realmente pasó.

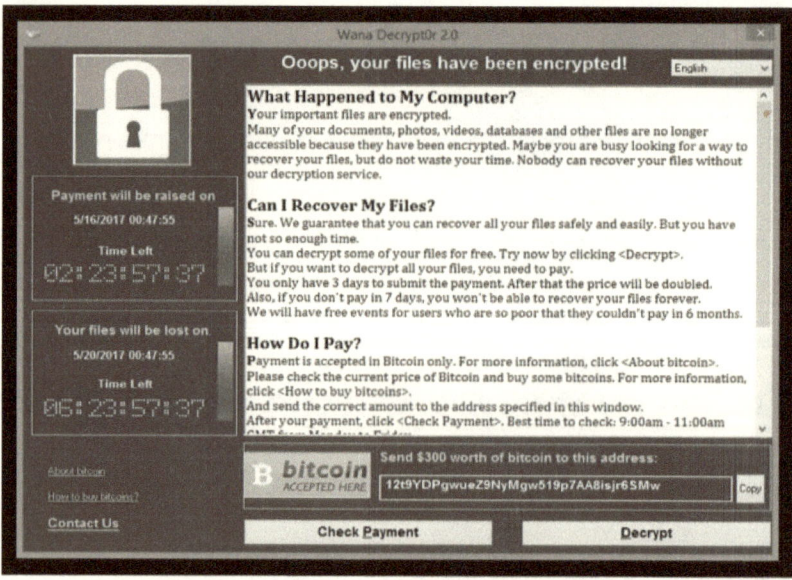

Figura 31 - Ransomware de verdad

La imagen presentada corresponde a un verdadero ataque de ransomware, el email supuestamente recibido es una broma. Más teniendo en cuenta que…

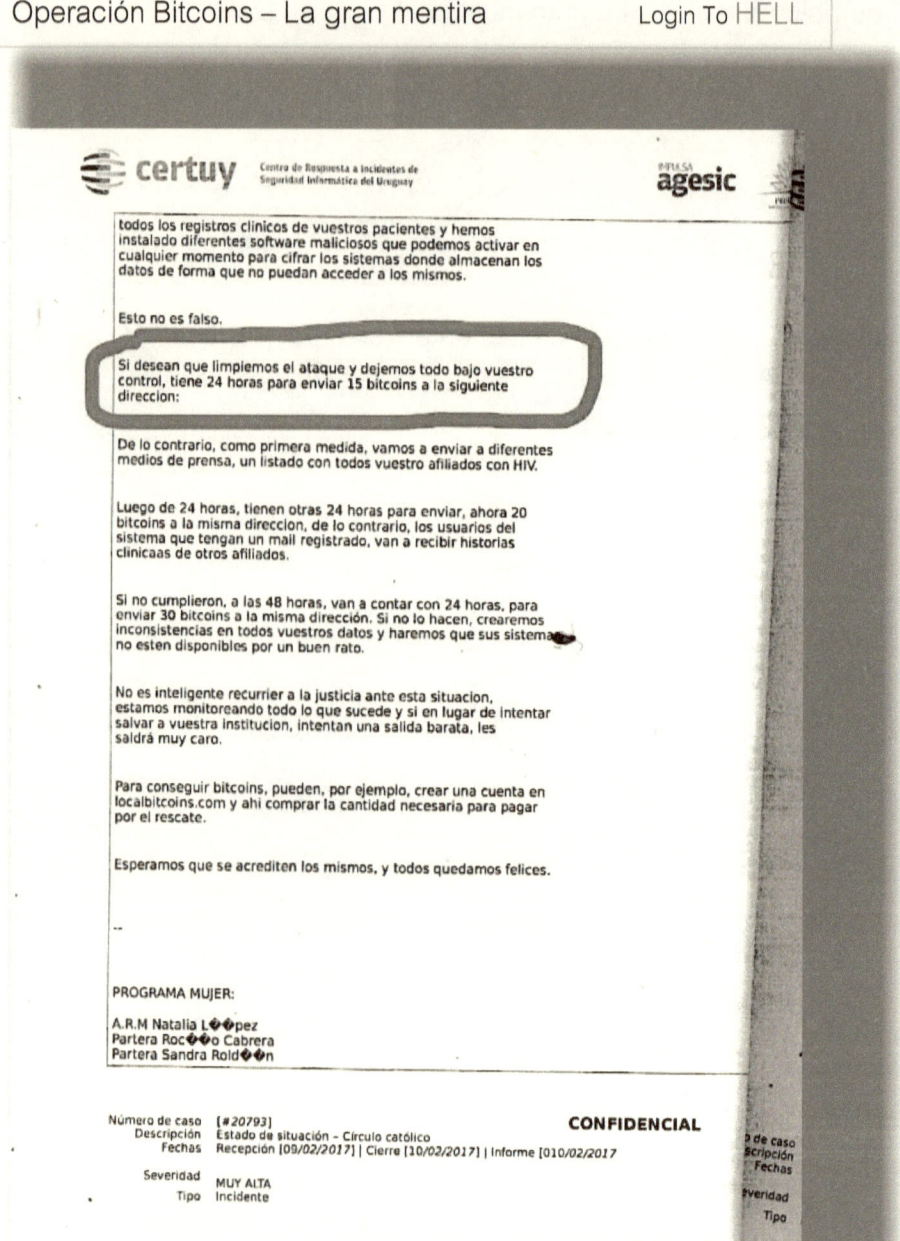

certuy   Centro de Respuesta a Incidentes de Seguridad Informática del Uruguay   IMPULSA **agesic**

todos los registros clinicos de vuestros pacientes y hemos instalado diferentes software maliciosos que podemos activar en cualquier momento para cifrar los sistemas donde almacenan los datos de forma que no puedan acceder a los mismos.

Esto no es falso.

Si desean que limpiemos el ataque y dejemos todo bajo vuestro control, tiene 24 horas para enviar 15 bitcoins a la siguiente direccion:

De lo contrario, como primera medida, vamos a enviar a diferentes medios de prensa, un listado con todos vuestro afiliados con HIV.

Luego de 24 horas, tienen otras 24 horas para enviar, ahora 20 bitcoins a la misma direccion, de lo contrario, los usuarios del sistema que tengan un mail registrado, van a recibir historias clinicaas de otros afiliados.

Si no cumplieron, a las 48 horas, van a contar con 24 horas, para enviar 30 bitcoins a la misma dirección. Si no lo hacen, crearemos inconsistencias en todos vuestros datos y haremos que sus sistema no esten disponibles por un buen rato.

No es inteligente recurrier a la justicia ante esta situacion, estamos monitoreando todo lo que sucede y si en lugar de intentar salvar a vuestra institucion, intentan una salida barata, les saldrá muy caro.

Para conseguir bitcoins, pueden, por ejemplo, crear una cuenta en localbitcoins.com y ahi comprar la cantidad necesaria para pagar por el rescate.

Esperamos que se acrediten los mismos, y todos quedamos felices.

--

PROGRAMA MUJER:

A.R.M Natalia L��pez
Partera Roc��o Cabrera
Partera Sandra Rold��n

Número de caso	[#20793]	**CONFIDENCIAL**
Descripción	Estado de situación – Círculo católico	
Fechas	Recepción [09/02/2017] | Cierre [10/02/2017] | Informe [010/02/2017]	
Severidad	MUY ALTA	
Tipo	Incidente	

Figura 32 - EL SUPUESTO MAIL NO DICE DONDE PAGAR

Hay algo que me intriga muchísimo y no logro entender. A continuación, está la denuncia hecha por la mutualista a Delitos Complejos:

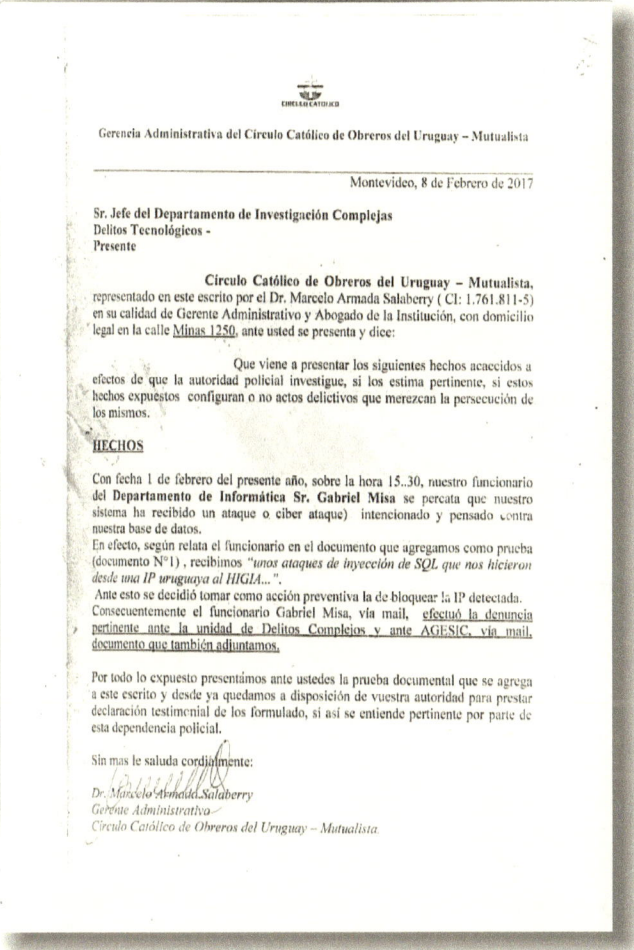

Figura 33 – Denuncia

La denuncia tiene la fecha de 8 de febrero de 2017. El mail impreso con la supuesta extorsión tiene fecha también de 8 de febrero de 2017, hora local 22:22. **¿La denuncia se hizo antes de recibir el mail?** Hay algo muy raro en esto.

La policía se basó en el informe del CERT uruguayo. El correo electrónico se presentó solo en formato papel, sin detalles sobre cómo recuperaron el correo electrónico, cuándo, de dónde, quién lo hizo y qué herramientas utilizó.

No se tomaron medidas de ningún tipo para *garantizar un proceso forense sólido y para garantizar la integridad de la información*. Lo mismo sucedió con el firewall del Círculo Católico donde los registros no se presentaron ni preservaron en su formato original, es decir, digital, sino que se imprimieron en <u>hojas de papel sin ninguna garantía de</u>

autenticidad o integridad. Así no funciona la recolección de evidencia electrónica y algo así no sería aceptado como evidencia legalmente admisible en ningún lugar del mundo.

La regla número uno de la evidencia es preservarla. La evidencia se encontraba alojada en los servidores y en el sistema del Círculo Católico. Si se iba a tomar un camino legal por lo que ellos interpretaron era un ataque, se deberían haber preservado todos los equipos del proveedor de servicios de salud, y que estos pasaran a ser custodiados por la policía. Eso da la garantía básica de que alguien acusado de un delito puede pedir una segunda opinión sobre lo actuado y los hallazgos. Pero derechos eran justo elementos que no tenía. Por otro lado, se me incauto a mí de todo, me desvalijaron mi hogar. ¿Como se explica eso? La evidencia del círculo católico era la clave de la investigación y no fue preservada, información de servidores que no fue clonada, todo lo que hay son hojas, **hojas con incoherencias que no me vinculan a mí ni a**

nadie con el "ataque".

Durante el allanamiento, en un momento en el cual que llevaron

esposado a mi dormitorio, se acerca una oficial de interpol y agarra un

libro que tenía en mi mesa de luz. Se ríe y me pregunta "¿aprendiste

algo de este libro?" Yo estaba entregado, todo salía mal, todo estaba en

mi contra. Le respondí, **"no, ya sabía todo de lo que trata ese libro"**. El

libro era "**La sabiduría de los psicópatas**" de *Kevin Dutton*.

Cada minuto que pasaba, cada palabra que decia, me hundía más en la situación que estaba viviendo. No podía creer la mala suerte que experimenté en todo momento durante el proceso. Me extraña que no hayan incluido a ese libro en el expediente del caso para hundirme un poco más.

La preservación del equipamiento de la mutualista se debió haber asegurado y mantenido hasta que el proceso culmine, considerando cualquier apelación, eso lo estipulan las buenas prácticas en la materia a nivel mundial.

La policía, CERTuy o la Institución Médica podrían haber calculado al menos un hash del correo electrónico como un archivo digital para mostrar que ese era el original. No hubo cadena de custodia probatoria.

Nada.

La parte más relevante del correo electrónico, que está en español, dice:

TODOS LOS REGISTROS MÉDICOS HAN SIDO COPIADOS Y VARIOS TIPOS DE MALWARE HAN SIDO INSTALADOS, Y PUEDEN ACTIVARSE EN CUALQUIER MOMENTO PARA CIFRAR LOS SISTEMAS PARA QUE NO PUEDA ACCEDER A ELLOS.

SI QUIERES QUE ELIMINAR TODOS LOS MALWARE ENVIANOS DENTRO DE 24 HORAS 15 BITCOINS A LA SIGUIENTE DIRECCION:

(espacio en blanco)

¿Quizás el criminal olvidó copiarlo y pegarlo allí? ¿Quizás la dirección para el pago era irrelevante por el mismo motivo que el allanamiento de mi casa culminó con más de 30 discos duros sin incautar?

Era imposible para mí explicar nada a los oficiales de policía durante el interrogatorio. **Claramente no eran los tipos adecuados para el trabajo.** No tenían conocimiento ni comprensión de la tecnología y los aspectos específicos sobre criptomonedas, secuestro de información, etc., eran elementos que desconocían completamente. Lo que más me indignó fue que a pesar de eso, me hablaban y **gritaban** con una enorme **arrogancia** intentando aparentar su dominio del tema.

Sus otras preguntas eran algo en la línea de:

"¿De dónde sacaste todo el dinero?"

"¿Por qué tenías tantas computadoras?"

"¿Por qué tenías tantos monitores?"

"¿Trabajas para la mafia rusa / argentina?"

Un archivo de audio enlazado en la nota al pie de la página del comunicado de prensa sobre el caso menciona que yo *"visitaba sitios relacionados con bitcoins por lo que estaban bien encaminados en su investigación..."*

En el capítulo de recursos al final del libro, se encuentra el vínculo al comunicado de prensa del Ministerio del Interior, donde se encuentra el archivo de audio donde se hacen las mencionadas declaraciones.

De esto se concluye que estuvieron monitoreando mi actividad en Internet por algún tiempo. En el expediente no figura nada sobre eso.

La afirmación de que "accedía a sitios relacionados con bitcoins por lo que estaban detrás de la persona correcta" se presenta como un argumento que refuerza mi supuesta culpabilidad y seguramente fue de peso en el tratamiento que se me dio posteriormente. Pero yo no tengo forma de hacer mis descargos y explicar que accedía de forma diaria a decenas de sitios de criptomonedas porque estaba trabajando con eso, haciendo trading de forma diaria. Era mi trabajo a tiempo completo. No hay ninguna relación entre el acceso a sitios de criptomonedas con posibles delitos donde las criptomonedas estén involucradas.

Nuevamente, otro elemento que la policía no pudo interpretar correctamente ni pudo visualizar el verdadero significado de determinadas acciones o conductas.

Pero lo que más me frustra es la **invasión de mi privacidad sin que exista una orden judicial** de por medio ni que exista registro sobre la misma en el expediente. Se supone que los elementos incluidos en el expediente son todos los que hacen al proceso y si no están ahí, no pueden tener ningún valor ni relevancia.

También es razonable pensar que hayan revisado todo lo relacionado con mis cuentas bancarias, movimientos de dinero, etc... En este caso me extraña que ninguna de las personas con las que hacía regularmente transacciones de miles de dólares para comprar o vender criptomonedas haya sido indagada.

Adicionalmente, en junio de 2017 dos charlas mías fueron seleccionadas para que las presente en el evento de seguridad más importante de Latinoamérica, el congreso **ISC2 Latam 2017**. Una de mis charlas hablaba sobre seguridad en bitcoins y otra, "del crimen al cibercrimen".

Para obtener material para las mismas, es inevitable navegar por la *darkweb* e investigar, acceder a software y tecnología que no se vende en otros lados para estudiarla, comprenderla y poder estar protegidos de las mismas y así poder mejorar la seguridad en general.

Por lo que el acceso a sitios de bitcoins y a sitios de la *darkweb* era, para mí, cosa de todos los días. Pero los **genios** de Interpol interpretaron solo lo que su capacidad les permitía interpretar.

Como elemento para nada menor en esta situación, yo creo que los registros sobre mis conexiones a Internet que fueron indudablemente usados en mi contra y no figuran en el expediente, **son evidencias a la cuales mi defensa no tuvo acceso**, lo cual es algo que creo puede dar lugar a la nulidad del proceso. No soy abogado, pero el sentido común me indica que las famosas garantías de un proceso justo no se dan en un escenario como este.

El lunes por la mañana me llevaron de nuevo al Juzgado. Por suerte, mi

madre pudo conseguirme un gran abogado que confiaba en que todo

iba a terminar ese día. Esta fue la primera vez que tuve acceso a

representación legal.

Mi abogado fue Juez Penal, pero había dejado su trabajo judicial dos

meses antes de mi caso. Fui uno de sus primeros clientes como

abogado independiente. Sabía cómo funcionaba el sistema, conocía a

los otros jueces, así que tenía esperanza o mejor dicho, tranquilidad de

que esa noche iba a dormir en mi casa.

El **fiscal** sacó algunas notas del archivo y me preguntó por qué tenía un

dispositivo llamado *USB Killer*. Quería que la tierra me tragara y me

sentía un estúpido por haber alertado sobre esos dispositivos a la policía. No puedo recordar lo que le dije, probablemente estaba tratando de explicar lo que era el dispositivo, pero **fue como hablar con una pared**. ¿Por qué me estaba haciendo esa pregunta?

Luego presentó otra página con la imagen de una unidad USB junto a una regla y me preguntó si sabía que la unidad **USB tenía 12 virus**. Lo dijo de tal manera, como que no estaba seguro de que me preguntaba si esto era correcto o estaba haciendo una declaración fáctica. **¿Qué vinculo existía entre las preguntas del fiscal con el caso? Es triste [3], pero la respuesta es "Ninguno".**

Traté de decirle que trabajé con *Metasploit*, que es un marco de pruebas de penetración de uso popular.

Parte de eso incluye la creación de cargas útiles para *exploits* que podrían ser detectados como virus.

Pero honestamente, estaba tan **cansado** que todo lo que quería era ir a mi cama y dormir.

Mi respuesta fue un inarticulado y decepcionante:

"¿Sí...?".

Duró un par de horas. Mi abogado enumeró todas las razones de por qué la prisión no era una medida apropiada para mi caso, transmitiendo una enorme gama de medidas sustitutivas a la prisión.

Yo no tenía antecedentes penales, no era una persona peligrosa o violenta, no encajaba en el perfil de alguien que iba a fugarse. No me acusaban de crímenes violentos. Ni siquiera me acusaron oficialmente de nada en esa etapa del proceso.

Pero la Jueza no escuchó ninguno de estos argumentos. Mientras mi abogado argumentaba en mi defensa, la jueza entro a donde estábamos y lo primero que le dijo fue **"no me compliques"**.

Yo tengo la convicción absoluta de **que la resolución de enviarme a prisión** ya había sido tomada antes de ir al juzgado. Ir a declarar al juzgado **fue solo un trámite**. Mi futuro ya estaba decidido de antemano.

La Jueza dijo que existía peligro de fuga y que debido a mis conocimientos sobre computadoras podría afectar potencialmente la investigación en curso. Dijo que me enviaría a prisión como medida preventiva. Mis ojos estaban llenos de **lágrimas** y sentí que **el mundo había llegado a su fin** para mí.

Iba a ir a prisión. Ese seguramente **fue el instante más duro de toda mi vida**. Fue el 11 de setiembre del 2017. **Fue mi 11 de setiembre.** El día que el mundo se me vino abajo sin que yo pudiera hacer algo para evitarlo, teniéndome como un simple espectador de algo que me cambiaria la vida.

penalmente responsable de un delito de conocimiento fraudulento de

documentos secretos en concurrencia fuera de la reiteración con un delito de

extorsión en grado de tentativa. Se dispondrá la prisión preventiva por

cuanto resulta probable la fuga del indagado por los ilícitos que se le imputan

hasta el momento y principalmente que obstaculice el progreso del proceso

donde restan probanzas para diligenciar, atendiendo a sus elevados

conocimientos de informática.

Figura 34 - Extracto del auto de procesamiento

Con esa noticia, todos mis **sueños, planes** y **esperanzas** se **derrumbaron**.

Sentí que todo mi mundo se vino abajo y toda una vida de esfuerzos,

trabajo, decisiones arriesgadas que dieron sus frutos y me habían

permitido a los 40 años de vida estar donde yo había querido estar un

día, me despojaron para siempre y estaba experimentando un punto de

inflexión en mi vida, un momento de **cambios negativos** que hacían que me cuestionara muchísimas cosas. La prisión ya estaba resuelta, no había marcha atrás. Me preguntaba cómo sería mi nueva vida ahí y por primera vez no visualizaba forma alguna de recuperarme y recuperar mi vida. Eso fue la causa de una gran **angustia, tristeza** y muchos más **sentimientos** y **emociones** indescriptibles con palabras. Solo viviendo lo que yo viví se puede llegar a sentir lo que un ser humano experimenta en una situación como la que estaba atravesando. Una situación que jamás debió haber ocurrido, fue algo totalmente innecesario que pudo y debió evitarse. Aun no tengo la respuesta para la pregunta sobre "como recuperarme". Hoy en día no **veo el camino para que pueda recuperarme. Es más, muchas veces siento que sigo cayendo en lugar de salir adelante.**

Incidentes de seguridad, detecté y reporté de forma regular. Al inicio del relato ya comenté cuales fueron los que encontré entre el 2016 y 2017.

Siempre hice reportes con el único objetivo de ayudar a mejorar la seguridad de sitios vulnerables y evitar que personas malintencionadas los encontraran de la misma forma que yo lo hice, pero utilizando las fallas para causar algún daño o cometer ilícitos. **Jamás solicité ni recibí algo por estos reportes. Por motivos éticos creía que debía proceder de dicha manera. Podría haber mirado al costado y no haber tomado acción alguna al encontrar estos problemas, pero pensaba que no era lo correcto.**

La justicia jamás fue puesta al tanto de mi conducta y comportamiento en lo que a seguridad de la información se refiere. Solo le llenaron la cabeza **con máscaras** y **guillotinas** que me hacían claramente un **peligroso criminal.** El **verdadero peligro** estaba en los encargados de la investigación.

Los actores judiciales no solo recibieron un **asesoramiento vergonzosamente malo**, sino que jamás supieron sobre la **consistencia** y **profesionalismo** con los cuales me despeñaba en mi área. Jamás supieron que durante años y de forma frecuente reporte y ayude a mejorar la seguridad de muchísimos sistemas tanto del Estado como de empresas privadas, del Uruguay y del resto del mundo. Jamás entendieron que **el delito era imposible de consumar por falta de conocimientos básicos en criptomonedas.** Conocimientos que, humildemente, **yo dominaba.**

Una vez escuché una frase que quedó grabada en mi memoria. *"Los eventos más estresantes en la vida de una persona son tres: cuando cambia de trabajo, cuando se casa y cuando se divorcia".* **No tengo dudas de que el autor de dicha frase jamás estuvo preso.** Ese sí que es un momento donde el stress alcanza valores tan altos que no son ni comparables con cualquier otro evento en la vida de un ser humano.

La otra persona

Tiempo después de mi detención y encarcelamiento me enteré de que había otra persona que también sufrió un allanamiento en su domicilio y fue arrestada por algunas horas por la misma investigación, debido a que su dirección IP aparentemente apareció en el segundo día del supuesto ataque. Fue de dicha dirección IP, que, según los registros, se descargó un volumen de información que se asemeja al tamaño que ocupa una película en formato DVD y es imposible que se corresponda con el tamaño de la base de datos supuestamente "robada".

En la prensa, **Interpol** nuevamente dejó en evidencia su incapacidad de análisis y lectura de una situación como esta, al declarar que "**suponían que yo le había hackeado la red WIFI a dicha persona**". Es una conclusión muy **ingenua** y **simplista**, así como inconsistente con "mis altos conocimientos" que me permiten en caso de desearlo, conectarme

desde mi hogar a cualquier lugar del planeta haciendo imposible mi

rastreo. Cuento con la formación y las herramientas para hacerlo. No

conozco a la otra persona, no sé dónde vive y jamás le hackeé la red

WIFI a nadie. Solo luego de lo sucedido se dio a conocer su contraseña

para acceder a su red inalámbrica porque, nuevamente Interpol

haciendo gala de su incapacidad de medir lo que dice, transmitió a la

prensa la contraseña WIFI de esta persona.

Mi opinión profesional sobre este punto es que se debería haber

prestado atención e investigado cualquier conexión de otros países, no

de Uruguay. Si yo hubiese tenido que efectuar el supuesto ataque, lo

haría con conexiones de otros lugares que dificultaran, por no decir

imposibilitaran, llegar a su origen. Jamás hubiese considerado hacer un hackeo desde Uruguay. En los papeles proporcionados por la mutualista no se menciona nada al respecto. Los papeles suministrados, para mí son algo que "evidencia" **carecen de valor** alguno.

De todas formas, dicha información me resulta graciosa ya que, resumiendo este punto, un día me conecté desde mi casa y quedó registrado en el proveedor de servicios y al día siguiente accedí a la mutualista desde una IP de una red WIFI hackeando su contraseña. **¿Por qué simplemente no me quedé en mi casa haciendo todo desde ahí?** ¿Nadie pensó que era ridícula la conclusión a la que se llegó?

Lo más triste [4] es que **tengo elementos para entender** cómo fue que esta persona llegó a tan **desafortunada situación**. Obviamente no puedo ir a la justicia y hablar sobre eso. Siempre digo la verdad y termino mal parado, sufriendo consecuencias negativas. Si ahora me preguntan, me hago el desentendido. Ya aprendí cómo funciona el sistema.

Y si, leyeron bien, puedo explicar con un alto grado de exactitud el involucramiento de la otra persona allanada, **pero no voy a darle los deberes hechos a la policía,** prefiero que sigan con sus teorías que solo demuestran incompetencia.

Artículo de una publicación alemana sobre mi caso

Thanks to "responsible disclosure" in the jail

For data travel, general caution is required, emphasized Neumann . This also applies to the actually meaningful practice of "responsible disclosure", ie the publication of discovered vulnerabilities only after prior warning of those affected. Otherwise, it could end up being "Alberto" from Uruguay, who had encountered standard passwords and unsecured access to data at an e-health service and reported this to the national computer security team or provider.

After a blackmail attempt against the platform operator with Bitcoin demand two years later, the police have kicked the door at Alberto and found "exciting things" such as credit cards, card readers, an Anonymous mask, "strategic cash reserves" and two gold-plated Bitcoin coins, he said , This brought the responsible hacker eight months in jail. It therefore makes sense to maintain the "local host" or the trusted home.

https://www.heise.de/newsticker/meldung/35C3-OpSec-fuer-Hacker-Vertraue-niemand-4260223.html

En la cárcel

Mi primera impresión fue mala. Fue muy mala. "**Esto va a ser**

complicado..." Me dije a mí mismo al entrar en la celda donde pasé los

primeros días. Por otro lado, sentí un pequeño alivio durante el corto

lapso en el cual estuve solo en mi **celda** al llegar, luego de haber pasado

por tanto estrés las horas anteriores. Recuerdo el **frio** que hacía. La

celda tenía una pequeña ventana con barrotes por donde entraba

mucho **frio** y **lluvia**, que en esos días era algo constante. A las dos horas

de ingresar, metieron en mi **celda** a otra persona, que había **matado** a su

pareja a cuchillazos unos días atrás por un ataque de celos. ¡Imagínate

tú la primera noche en una cárcel compartiendo la celda con un

homicida! **No fue fácil conciliar el sueño.**

Después de que la justicia determinó mi **prisión preventiva**, pasé 5 días en una cárcel local -Cárcel Central- donde fui sometido a los diversos procesos de evaluación, elaboración de perfiles, chequeo médico, etc.

Mi perfil fue revisado por el "Comité de Transferencia", un comité que decide a qué prisión enviarte. Terminé siendo enviado a "**INR UNIDAD 18 DURAZNO**", una pequeña prisión en las afueras de una ciudad llamada Durazno, a 200 km de Montevideo. Es una prisión de mínima seguridad.

Mis primeras impresiones fueron las de una persona que tiene 40 años y es llevada al mar por primera vez en su vida. Sabías que el mar era algo que existía, lo viste muchas veces en las películas. Pero al encontrarte frente a él la realidad **te golpea y es abrumadora. Es ese "Mike Tyson" que no te tiene piedad, ni sigue las reglas, mordiéndote y sacándote un pedazo de la oreja en cualquier momento.**

La prisión, incluso la de seguridad mínima, es una **pesadilla**. La celda en la que estuve al principio tenía otros 12 reclusos, **al llegar fui el número 13**. No había cama disponible para mí, así que inicialmente **tuve que dormir en el piso**. No fue agradable, y sabía que tenía que adaptarme a ese lugar y a esa gente. Yo no pertenecía allí. Ese era su mundo, no iban a cambiar para adaptarse a mí. **Era un mundo de violencia, drogas y una universidad de la delincuencia.**

La prisión era **deprimente**, no estaba sucia ni nada, pero me sentía muy incómodo.

Me gustaría incluir un mensaje para aquellos que leen este libro. Viví esta historia, fui a prisión.

Para mí se acabó, sobreviví, pero si eres inteligente, hábil, usa eso para ser productivo, ayuda a tu familia y a tu comunidad. No te sientas tentado a tomar el camino del dinero fácil y el crimen, ya sea la delincuencia cibernética o la delincuencia tradicional. No vale la pena.

Por supuesto, más que nada siento tanta frustración porque fui condenado a prisión siendo una **persona inocente**. No había necesidad ni ningún propósito para mí de pasar tiempo entre rejas.

Figura 35 – Cárcel de Durazno

Figura 36 -CÁRCEL DESDE GOOGLE EARTH

Mis días en prisión

Lo primero que hice fue cometer un error, como me explicó otro recluso más tarde. Solía contar las horas hasta llegar a los 2 meses que mi abogado me dijo que esperaría antes de solicitar mi libertad bajo fianza. La **ansiedad**, el deseo de estar afuera era tan grande que sólo quería poner fin a la pesadilla de la privación de libertad.

Luego seguí un consejo de **Eduardo**, un recluso que había estado en las peores prisiones de Uruguay y había cumplido dos sentencias. Básicamente me dijo que viviera el día a día, y que no contara desesperadamente las horas, ni los días.

De todos modos, estaba acostumbrado a estar activo todo el día, realizando varias tareas todo el tiempo, sobre todo cualquier cosa que involucrara tecnología. Pero estando allí me sentía vacío; los días se

arrastraban sin cesar y yo solo quería que se terminaran para poder

dormir. Puede sonar estúpido, pero así es como miré las cosas.

Nadie moría de hambre en prisión. **La comida estaba bien y había para**

todos. También se permitía recibir comida de la familia, de modo que a

la mayoría de nosotros nos entregaban un paquete con comida, ropa y

otros artículos cada semana.

Los **teléfonos celulares** sin cámaras estaban permitidos, eso realmente

me ayudó mucho ya que podía pasar horas en el teléfono con mi madre.

También teníamos TV vía satélite y una antigua PlayStation 2. **Después**

de mi primera semana donde tuve que dormir en el suelo con reclusos que eran violentos, me transfirieron a una celda equipada con todas las

cosas que acabo de mencionar. Para mí fue como pasar de vivir en la

calle a mudarme a un hotel de 5 estrellas.

A pesar de todo, los días eran interminables y era muy fácil entrar en

bajones anímicos. Por suerte entre los integrantes de la celda existía

compañerismo e intentaban darle ánimos a quien vieran que estaba mal.

No fue mi caso, pero existían muchísimos problemas personales entre

los reclusos por diferentes motivos y en ocasiones había mucha tensión.

A mí no me tocó vivir ninguna situación violenta, pero fui testigo de unas

cuantas. Drogas, violencia, son cosas que son imposibles de evitar en

un entorno como ese.

El verano fue cruel, debido al calor. A mediados del verano de 2018, para mantenerme ocupado, comencé a dar clases básicas de computación a casi 50 reclusos. Fue una experiencia agradable, pero no sólo eso. El mensaje implícito que las autoridades penitenciarias me enviaron, que fue **"confiamos en ti"**, significó mucho para mí. Más aun considerando que en el momento de mi ingreso en la cárcel, el director de esta dio la orden de mantenerme alejado de cualquier dispositivo electrónico por la fama que me habían dado. Obviamente no iba a traicionar esa **confianza**. En la cárcel como en cualquier ambiente, las acciones de uno van haciendo que te acomoden dentro del entorno en que se encuentran y yo había logrado ubicarme en un lugar relativamente privilegiado.

¡El nivel de confianza llego a tal punto que, en los últimos días de reclusión, me pedían ayuda en temas informáticos desde la oficina jurídica del establecimiento! ¡Incluso al día siguiente de mi libertad me llamaron por teléfono por una consulta técnica!

El momento de la decisión de vivir

Los primeros días en prisión fueron **complicados, interminables,** con

miedo e **incertidumbre.** Para poder sobrellevarlos, intentaba mantener mi

mente en blanco, no pensar en lo que estaba viviendo ni por qué lo

estaba viviendo, sino reprimir esos pensamientos y básicamente

convertirme en un ente que vivía el minuto a minuto de la situación. Ese

bloqueo en mi mente y concentración en actuar para sobrevivir, en parte

fue lo que, tiempo más tarde, me causaría **PTSD (síndrome de stress**

postraumático).

Supongo que lo que me pasó debe pasar por todas las personas que

son enviadas a prisión. En los primeros días uno se concentra en el día a

día. Luego puede venir un estado de depresión, **pero luego de un par de** semanas, la mente de todos quienes ingresan al sistema carcelario, se hace una pregunta clave: *¿voy a dejar que esto arruine mi vida y me destroce* o voy a tomar esta situación y *la voy a tomar para fortalecerme y salir de este lugar con más fuerzas que nunca* y con la capacidad de comerme al mundo en dos panes cuando este libre? *"Luchar hasta el último aliento*[14]*"*

Ahí, en ese **punto**, en ese **momento**, en esa **reflexión** fue que seleccione la **segunda opción**. Iba a adaptarme a la cárcel, iba a integrarme con los otros reclusos, y **no dejaría que nada ni nadie evitara que consiga mi objetivo.**

"El sol es débil cuando se eleva primero, y cobra fuerza y coraje a

———————————

[14] Enrique VI, William Shakespeare

medida que avanza el día[15]"

Segundo Acto – El conflicto

Las entrevistas para la radio

Figura 37- – PRIMERA ENTREVISTA EN LA CÁRCEL CON PATRICIA MADRID

---

[15] Vieja tienda de curiosidades, Charles Dickens

Patricia Madrid fue a visitarme en carácter de periodista a la cárcel de Durazno donde pasamos un par de horas o más hablando sobre mi causa y todas las inconsistencias e irregularidades del proceso. Al poco tiempo el programa salió al aire. Las autoridades de la cárcel quedaron muy conformes con lo que fue la entrevista con Patricia y me pidieron que le diera una nota al locutor del programa más oído en la ciudad de Durazno. Es así como a finales de 2017 me hicieron una nota telefónica desde la cárcel. A los pocos meses de ser liberado, la misma radio de Durazno me hizo otra entrevista para conocer como era "*la vida de un hacker después de la prisión*".

Luego, me invitaron a otros programas de radio y me contactaron unos pocas veces más medios de prensa para hablar sobre mi caso, pero siguiendo el consejo de mi abogado, **no acepté las invitaciones.**

Esto fue hasta **octubre del 2019,** cuando la producción de un programa de televisión me contacto para hacerme una nota para un **programa de televisión,** a lo que accedi. Una periodista y un camarógrafo vinieron a mi apartamento y estuve casi dos horas hablando de mi caso, el proceso y la incompetencia de la policía para tratar casos como el mío.

El programa nunca salió al aire. Me puse en contacto con la productora para consultarle el motivo por el cual nunca se emitió la nota que me hicieron y me respondió de que hicieron todo lo posible por conseguir que alguien del Ministerio del Interior respondiera mis declaraciones de la entrevista, pero *nadie en la policía quiso hablar sobre mi caso.* **Ese silencio en realidad dice mucho para mí.**

Mi detención en prisión fue una **medida preventiva** mientras la policía (supuestamente) **continuaba su investigación**[16]. Mi abogado opinaba que ésta era una herramienta legal maligna, utilizada para hacerte pagar por adelantado por un crimen por el cual no te habían encontrado culpable y que no está alineado con el principio de *"inocente hasta probarse lo contrario"*. Acá el sistema es "culpable al ser arrestado y enviado a prisión, hasta que la culpabilidad sea formalizada con la sentencia y se cumpla con la pena".

Puede que me equivoque, pero creo que alrededor del 70% de los reclusos en Uruguay no son condenados. Pasan tiempo en prisión preventiva a la espera de un juicio.

---

[16] Una vez que me procesaron con prisión, no hicieron nada más por casi dos años.

La teoría es que mientras te llevan a la prisión, la policía trabaja en tu caso, siguen recogiendo pruebas, etc.

Bueno, esa es sólo la teoría y mi abogado lo expresó claramente en una de sus solicitudes presentadas al juez.

"La policía en Uruguay sólo quiere tener a alguien tras las rejas por un crimen, eso es todo lo que quieren, después de eso, se olvidan de la persona, se olvidan del caso" – esto es lo que mi abogado argumentó.

Para tener alguna oportunidad, debes ser capaz de pagar un abogado.

Si no puedes pagar, obtendrás uno proporcionado por el gobierno.

Entonces estás en serios problemas.

Un compañero recluso me dijo que nunca tuvo una conversación con el abogado que le fue asignado para defender su caso en aproximadamente un año que pasó en prisión.

En mi escenario particular, después de salir de la prisión, el caso en mi contra era exactamente el mismo que el día en que me enviaron a prisión. Absolutamente no se habían hecho progresos.

Comprensiblemente, esto me enfureció y me afectó muchísimo.

Mi pasaje por la cárcel me dejo muchas enseñanzas y me hizo ver cosas sobre las cuales nunca había pensado y desconocía. Estuve en un mundo ajeno al mío, pero un mundo al fin, con gente como yo, la enorme mayoría estando ahí simplemente por el lugar donde nacieron y vivir en

un mundo muy difícil para quienes cuentan con pocos o ningún recurso,

carecen de educación y no tienen acceso fácil a un trabajo. A pesar de

venir de contextos de mucha violencia, éramos todos seres humanos y

ellos como yo contábamos con un corazón y nadie era realmente como

la gente piensa. En muchos casos se pueden mostrar agresivos

simplemente como mecanismo de defensa en un lugar donde hay reglas

que deben cumplirse, sino uno no es respetado. De paso, voy a **evitar**

hablar de muchas de las historias que viví en la cárcel. **"lo que pasa**

entre presos, queda entre los presos involucrados", tener una pelea e ir

llorando a enfermería para curar heridas de un evento violento es algo

que no se hace. ese es uno de los famosos códigos de la cárcel y

además también me reservo varias historias por respeto a quienes fueron

mis compañeros.

En particular yo era visto con cierto grado de admiración y con mucha curiosidad por mis conocimientos. No era considerado realmente un criminal, ni siquiera por el personal de la cárcel. Esa "**admiración**" sin dudas fue clave para no tener problema alguno durante mi estadía detrás de las rejas.

Sin dudas la cárcel me cambió. No digo que soy una mejor o peor persona luego de esa experiencia, solo sé que no soy la misma persona que era antes de ir a prisión.

Mis visitantes, nueva familia y tutores

El 6 de enero del 2018, Martin, un amigo de la familia que vive en Paraguay y vino a pasar fin de año con su familia, de regreso a Paraguay paso por la cárcel a visitarme, **darme ánimo** y dejarme un ventilador para sobrellevar el calor insoportable del verano.

A finales de enero del 2018, gracias a la intervención de Beatriz, una amiga cercana a mi mamá, una pareja que vive en Durazno, **Marisa** y **Miguel**, comenzaron a visitarme semanalmente llevándome comida, ropa, y todo lo que necesitaba, además de hacerme compañía durante los interminables días de ese verano.

Mi abogado había solicitado salidas transitorias y Miguel aceptó ser puesto como mi tutor en caso de que se me brindara el beneficio.

Marisa y **Miguel** son unas personas con un enorme corazón que pasaron a formar parte de mi familia por el cariño, amor y preocupación que por mi demostraron en todo momento.

9 de febrero del 2018

El 9 de febrero fui conducido a Montevideo, no sabía el motivo, pero tenía que estar en el juzgado a las 9 de la mañana. Luego me enteré que era por una ampliación de la declaración que mi abogado había pedido en octubre del año pasado.

Lo que voy a decir parece una broma. A los 15 minutos de haber llegado y esperando en una celda, viene uno de los policías que me estaba conduciendo y me dice que tenemos que volver a la cárcel porque el expediente no se encontraba en el juzgado. Mi abogado, luego de los 3 pedidos de libertad rechazados apeló y el expediente se encontraba en manos del tribunal de apelaciones (un tribunal equivocado, pero eso es otra historia).

Mi mamá estaba en el juzgado muriéndose de ganas de verme, ya que hacia 5 meses no me veía. además, ese día, 9 de febrero, era su cumpleaños y quería que nos demos un beso, cosa que no fue permitida por la jueza. Fue algo muy triste tanto para mi mamá como para mí. Me quedó aún más claro que una vez que uno es preso, pierde para los demás la calidad de ser humano. Fue otra más de las instancias tristes [5] que viví.

Una visita inesperada

Ho hubo una visita que no esperaba y los eventos que desencadeno son increíbles. Eran las tres de la tarde del último domingo de febrero de 2018. Un guardia fue hasta mi celda, gritó mi apellido y dijo "**Visita**".

Yo quedé sorprendido ya que no estaba esperando a nadie. Además, siempre antes de visitarme me avisaban por teléfono.

Salí al patio desconcertado y una persona desconocida, alta, delgada, aparentemente de 50 y pico de años me preguntó si era Alberto Hill, a lo que respondí que sí. La persona me dio la mano y se presentó: "*Mi nombre es Javier Orlando*[17]". Esas palabras iniciaron una historia que se

---

[17] El nombre real fue cambiado.

transformaría en una nueva pesadilla dentro de la pesadilla que estaba

viviendo.

Me comentó que era un empresario, que le causó mucha intriga mi

historia y quería conocer más sobre mí. Hablamos de todo un poco y

mostró mucho interés cuando le comenté que no sabía cuándo podría

lograr la libertad, pero que como algo intermedio, podía eventualmente

conseguir que me otorgaran salidas transitorias.

A partir de ese día, se estuvo comunicando diariamente conmigo y con

mi madre para ver cómo se podría lograr mi libertad. Llegó incluso a

darnos una carta donde expresaba que su empresa me contrataría al

quedar en libertad, algo que mi abogado dijo era un elemento de mucho

peso para lograr ser liberado.

Habían pasado 4 días desde que me visitó en la cárcel cuando fueron a

buscarme en mi celda y me dijeron que pasara por la oficina de Jurídica.

Para mi asombro, ahí **me informaron que la jueza había me había**

autorizado 72 **horas semanales de salidas transitorias.**

Era algo totalmente atípico. El régimen de salidas transitorias es

progresivo. Inicialmente otorgan 12 horas, al mes se pasa a 24 horas por

un día al mes, así hasta llegar luego de bastante tiempo a 72 horas. Pero

obtener el máximo legal en una primera instancia era **algo tan atípico**

que desde la cárcel llamaron al juzgado para verificar que no hubiese

habido un error. Pero no, **no había error.**

Por más que mi encarcelamiento se justificó por la alta probabilidad de que me fugara y mis altos conocimientos que podrían interferir con el proceso, me estaban permitiendo estar 3 días a la semana fuera de la cárcel, donde acaso ¿no podía fugarme e interferir con el proceso? Fue una resolución muy extraña. Más aún si consideramos que mis pedidos de libertad fueron todos negados de forma rotunda. **¿Por qué esa benevolencia entonces?**

Javier se enteró de la buena noticia y al día siguiente viajó hasta Durazno para recogerme en mi primera salida y traerme hasta Montevideo. Como sabía que todo mi equipamiento fue incautado, también me dio una notebook de su propiedad y un iPhone para utilizar durante mis salidas transitorias.

El sábado pasé la mañana con mi madre y almorcé con ella. De tarde fui

a mi apartamento donde Javier me estaba esperando.

Lo que sucedió después parece sacado de una película.

En el living de mi apartamento me dijo directamente que su situación económica era crítica y que estaba por perder todo. **Quería que hackee al Banco República**, el Banco más importante del Uruguay. Tenía toda la estrategia pensada. Quería que buscara las cuentas con mayores saldos y que pertenecieran a personas con problemas serios de salud y con enfermedades terminales, que tuvieran muchos familiares. Detectadas esas cuentas, debía retirar un importante monto de dinero, pero dejando un saldo razonable en las mismas para dificultar que se den cuenta de forma inmediata de lo sucedido.

Necesitaba inicialmente unos 200 mil dólares para cubrir deudas contraídas con prestamistas. Estaba muy nervioso porque no podía cumplir con la devolución y esa gente era capaz de cualquier cosa para recuperar el dinero prestado.

Como segunda etapa, quería que "nos hagamos" **de dos millones de**

dólares para asegurarnos una vida tranquila.

Era una locura, algo que bajo ningún concepto yo podría acceder.

Al ver que yo no quería llevar a cabo su plan, me dijo que él logró que se

me otorgaran las salidas transitorias. Según sus palabras, era amigo del

esposo de la jueza que me procesó y le pidió el favor de que autorizara

ese beneficio.

Quería creer que me estaba mintiendo, pero era algo que explicaría lo

extraño de la autorización para mis salidas. A los 4 días de conocerlo se

me otorgó lo que mi abogado había solicitado hacía más de 3 meses.

Me dieron el máximo tiempo para estar afuera de la cárcel. Si era cierto lo que me dijo, estaba a merced de un poder que podía darme la libertad inmediatamente o podía mantenerme indefinidamente en prisión.

Entré en un estado de **nerviosismo, ansiedad, angustia** y **temor** que hizo que abusara de la medicación contra la ansiedad. La cantidad de benzodiacepinas que consumí para tranquilizarme fue enorme. Mi cabeza no paraba de pensar y sufrir. Estaba tan desconcertado que en la mañana del lunes fui a sacar la basura de mi apartamento y no solo tiré la basura en una volqueta, sino que también tiré el iPhone de Javier. Estuve una hora intentando recuperarlo, casi metiéndome dentro de la volqueta. Mi cuerpo se quedó lleno de moretones, **parecía que me habían dado una golpiza.**

El lunes de tarde, Javier pasó a buscarme para llevarme de regreso a la cárcel. Regresamos en su camioneta a alta velocidad por la ruta 5 que conecta a Montevideo con Durazno. No iba a llegar a tiempo para cumplir con lo establecido en la salida transitoria. En medio del trayecto Javier me dijo que me veía muy cansado y que descanse un poco. Se me cerraron los ojos mientras a lo lejos podía ver el sol en un hermoso atardecer. Lo siguiente que sucedió es algo que me contaron, ya que los recuerdos que tengo luego de que se me cerraron los ojos fueron los narrados al inicio.

Figura 38 - UN HERMOSO ATARDECER

Se oculta el sol, cierro mis ojos y mi vida también se me va.

Javier llegó a la casa de **Marisa** y **Miguel** con suma tranquilidad y les dijo que no me despertaba. Marisa entró en estado de pánico, me tiró un vaso de agua en el rostro, pero **mi cuerpo no respondió. No di señales de vida. Desesperada,** Marisa llamó a una ambulancia la cual me trasladó al hospital. En el trayecto me cortaron con tijeras la ropa que llevaba puesta para entubarme, ponerme vías, conectarme los dispositivos para medir mi pulso, presión, etc. **Pero ese día aparentemente…**

No era un día para morir

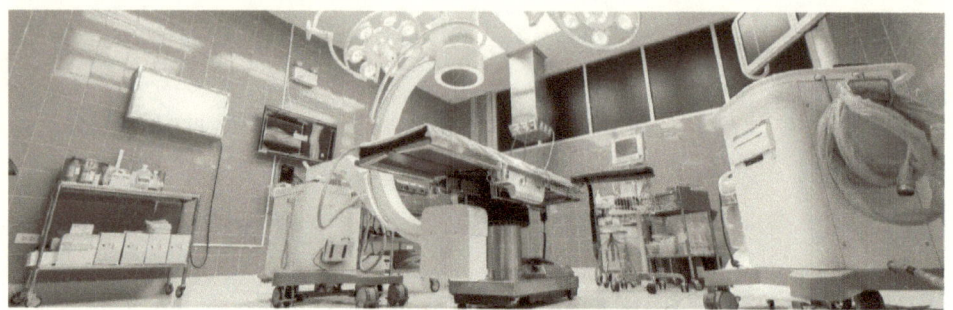

Escucho ruidos lejanos que de a poco se acercan y se hacen más fuertes. Esos ruidos se transforman en palabras de varias personas. Abro mis ojos y quedo enceguecido por una luz blanca. Me siento perdido.

Alguien grita "¡está de vuelta!" y ahí me doy cuenta de que estoy en un hospital. Una mujer se acerca a mí y me pregunta si se dónde estoy. Intento decirle que no, pero estoy entubado por lo que apenas muevo la cabeza expresándole que no.

Me dice que estoy en el **CTI del hospital** de Durazno y que **estuve 2 horas en estado de coma**. Mentalmente intenté procesar esas palabras y concluí que básicamente **estuve muerto** dos horas y había revivido.

A lo lejos escuchaba voces muy altas. Dos médicos discutían casi gritando. Uno expresaba que mi estado era muy delicado, que podía volver a entrar en coma en cualquier momento y no quería que **mi muerte** fuese en su hospital, deseaba que fuese trasladado a otro lugar inmediatamente.

Era extraño escuchar como dos personas tenían una acalorada discusión sobre mi eventual fallecimiento y que eso no me provocase ningún sentimiento de miedo ni pánico. Que fuese lo que fuese, ya había

tocado fondo tantas veces en los últimos dos años que pensaba que, si

era mi hora, estaba bien.

Dicen que cuando estamos en las puertas de la muerte, por fin somos

capaces de ver nuestra vida con claridad. En mi caso, mi vida

justamente carecía de claridad y los eventos que iban sucediendo eran

como golpes en una pelea de boxeo cuando te están dando una paliza y

no puedes más que intentar aguantar hasta que te den el golpe del

knockout.

Era el primer lunes de **marzo de 2018** y estaba viviendo simplemente

una más de una larga lista de situaciones y eventos **insólitos, difíciles de**

creer, extremos, increíbles, donde **ya nada me sorprendía.**

Bajo los efectos de la medicación recordé viejos tiempos, cuando estaba en la secundaria, donde era común que, al momento de algún un examen, alguien hiciera una llamada telefónica diciendo que había una bomba en el centro de estudios. Con eso se lograba una evacuación, inspección de bomberos y policía y de esa manera no se tomaba el examen. Las "bombas" jamás existieron. La persona que hacía la llamada, ¿estaba sujeta a enfrentar cargos por "atentado en grado de tentativa"? Fue un pensamiento sin sentido, en el aire.

Luego vinieron a mi mente imágenes de mi vida en orden cronológicamente invertido. Tuve escalofríos al ver nítidamente el comienzo de mi caída libre en septiembre del año anterior.

De repente escucho una voz inconfundible. ¡Mi mamá! "Pobre, le doy

trabajo hasta para morir" pensé. En ese instante me doy cuenta de que

hay policías en el CTI, mientras mi madre los saluda y le dejan acercarse

a mí para darme un beso. En ese momento supe que el cielo o el infierno

deberían esperar, ese no sería el día en que dejaría de sufrir. No pude

evitar pensar: "¿Estoy en el CTI de un hospital con guardias que me

custodian porque no solo estoy en el filo de la hoja, sino que además

estoy preso? ¡Tendría que escribir un libro sobre esto!"

En determinado momento se acerca el subdirector de la cárcel y junto a

un médico comentan que mi torso está lleno de moretones, como si

hubiese sufrido una golpiza. Cuando escuché eso dije que nadie me

había golpeado y mientras decía esas palabras recordé lo que lo

provocó. No sabía cómo contar lo que realmente sucedió sin que

pareciera que estaba inventando una historia.

Digamos que 8 horas atrás, bajo mucho estrés y en un descuido, tiré un celular iPhone dentro de una volqueta.

Esa no era mi primera visita al hospital durante mi tiempo en la cárcel. Tan solo a las dos semanas de haber llegado, fui trasladado con la frente ensangrentada y me suturaron la herida con 4 puntos, dejándome una cicatriz que llevo de recuerdo. La herida no fue el fruto de una pelea carcelaria. Era mi primera noche durmiendo en una cama luego de casi dos semanas de dormir en el piso sobre un pedazo de polifón. Era también la primera vez durmiendo en la parte superior de una cucheta. A las 6 de la mañana di un giro y me caí dándome la cabeza contra el piso. **Me sentí un desgraciado en ese momento,** mientras la sangre tapaba mi ojo izquierdo, todo mi cuerpo y la sábana que se cayó conmigo.

A los segundos de haberme caído, se acercó **Eduardo**, tomó mi ensangrentada sábana, la presionó fuertemente sobre mi herida y me dijo "*Tranquilo flaco, vas a estar bien*".

No fue la única vez que me caí de la cucheta durante el tiempo que estuve preso. Un par de meses después de mi primer golpe, volví a hacer un giro en la cama mientras dormía, cayéndome desde unos dos metros de altura. En la segunda caída no hubo sangre por la forma en la cual caí, pero me provocó un fortísimo dolor en la cadera que perduró durante un par de semanas. **En esta segunda ocasión ya no me sentí un desgraciado.** Sentí como si lo ocurrido, recibir fuertes golpes frecuentemente, fuera algo normal y parte de mi vida.

Muerto, Esposado, Preso y en Burger King

Al final, como lo suponía, **no me morí** en ese momento. Pasé la noche en

el **hospital**, en cuidados intensivos, siempre **custodiado**. Al día siguiente

hicieron muchas gestiones con mi proveedor de servicios de salud para

trasladarme a Montevideo y así poder recibir un mejor tratamiento y

poder ser sometido a análisis adicionales. Tuvo sus demoras por ser

algo relativamente costoso. Recién se consiguió que una ambulancia

hiciera los 200 kilómetros entre Montevideo y Durazno para buscarme y

hacer otros 200 kilómetros de regreso a Durazno.

Supongo que la experiencia de viajar consciente 200 kilómetros en una

camilla dentro de una ambulancia es algo que muy pocos tienen la

posibilidad de vivir. **No es para nada agradable.** Sentí que estaba siendo torturado o **pagando por todos mis pecados** en vida.

Para la cárcel esta situación involucraba un dolor de cabeza desde el punto de vista logístico ya que mi custodia debía relevarse cada determinada cantidad de horas y conseguir a alguien para que viaje de Durazno a Montevideo para eso no era sencillo.

Quien me custodiada era Liliana. Más adelante me confesó que la percepción que la dirección de la cárcel tenía de mí en términos de peligrosidad era tan baja que me comentó: "Para que a mí me asignen custodiar a un hombre tienes que ser un santo".

Los reclusos que ya llevan un tiempo en el mundo del delito no son nada tontos, pueden oler a una persona y entender la personalidad de quien tienen en frente. Uno de ellos en determinado momento, en medio de

una charla en el patio me dijo: "Tú grado de violento debe ser 0,001%".

Creo que eran aproximadamente las 6 de la tarde del martes cuando

llegamos al hospital en Montevideo. Mi estadía ahí fue más corta que el

tiempo que consumió el traslado en ambulancia. Me hicieron algunos

análisis y un psiquiatra me entrevistó. Creo que lo que más intentan es

saber si un caso como el mío es un intento de suicidio o no ya que las

tasas de suicidios de las personas privadas de libertad son 10 veces

superiores al de la población general.

En determinado momento llegó un policía de relevo de Montevideo y al

rato otro de Durazno. Enseguida llegó mi madre que había viajado en

ómnibus desde Durazno a Montevideo. En definitiva, en el box de la sala de emergencias, donde normalmente solo permiten la presencia de un acompañante como mucho, tenía a 4 personas. Me causaba gracia imaginarme lo que el resto de la gente presente en la sala pensaría de mí, al tener **3 oficiales de policía custodiándome**. Esa persona con un índice de violencia de un 0,001% seguramente hacía pensar que era un **peligrosísimo delincuente**.

Pensaba que, si mi vida hubiese seguido un rumbo normal, yo estaría tranquilamente en mi casa. Pero no, yo **estaba en la sala de emergencias** de un hospital con tres policías **custodiándome**.

Los exámenes dieron resultados normales y mi estado era bueno, por lo que rápidamente habría de regresar a la cárcel, es decir, estaría viajando otros 200 kilómetros en el mismo día. Además, el protocolo indicaba que el viaje debería hacerlo esposado.

A eso de las 23 horas llegue a la cárcel y a mi celda. El cansancio que tenía era enorme. En la cárcel todo se sabe y todos estaban al tanto de la situación límite que viví y se habían preocupado mucho por mí. Se alegraron al verme **de regreso** y **vivo**.

En fin, fueron dos días normales de mi vida. No mencioné que cuando fui trasladado de regreso a la **cárcel** de Durazno, la camioneta se detuvo en medio del camino y los agentes compraron hamburguesas en un local de "*Burger King*" en la ruta. ¡Fue una linda y sabrosa forma de terminar con el paseo! Mi madre les había dado a los agentes el dinero para hamburguesas, dado que los presos no pueden tener dinero en efectivo con ellos.

Dormí profundamente, pero en la mañana del miércoles me despertaron mucho antes de la hora en que se abren las celdas, se va a enfermería a recibir la medicación y luego se desayuna. Pensaba que no iba a tener más sobresaltos, pero obviamente aún no había entendido nada de la vida y era todavía una inocente palomita. Eso fue lo que pensé cuando vi pasar por la ventana a media docena de policías con pasamontañas.

Si, al día siguiente de estar **casi muerto**, estaba en medio de una requisa llevada a cabo por un grupo especial que fue enviado desde Montevideo. <u>¡ERA OTRO DÍA COMÚN Y CORRIENTE EN MI DESGRACIADA VIDA!</u>

Cuando la requisa llegó a mi sector, todos tuvimos que salir al pasillo y ponernos de rodillas contra la pared con las manos en la nuca y además de dar vuelta toda la celda, nos revisaron uno por uno haciéndonos

desnudar, e incluso nos hacían abrir la boca para verificar que no

hayamos escondido algo ahí.

Cuando llegó mi turno, el subdirector del establecimiento, Rodolfo

Ortega, pasó por encima de la gente del equipo de Montevideo, quienes

tenían un rango superior al de él, dándome una silla para que me siente

y explicándoles que acababa de salir de un problema gravísimo de

salud. Eso fue un ejemplo de la calidad humana de la dirección de la

cárcel donde estaba recluido.

Si bien el hecho de ir a prisión es una experiencia difícil de imaginar y

que muy pocas personas viven y es algo que con palabras jamás se

podría describir completamente, estar preso y además vivir la

experiencia de una requisa como la que conté es como estar viviendo

dentro de una película. En total ocurrieron 3 requisas durante el tiempo que estuve preso. Incluso en una de ellas, mis compañeros me dejaron

como veedor del procedimiento para observar con detenimiento lo que

se hacía durante el mismo, siendo un mecanismo para que existan

garantías de que se actúa de forma adecuada.

Recuperando la libertad

"A finales de **mayo de 2018**. Después de apelar finalmente la orden de la Jueza y de recibir una respuesta negativa a cada una de mis 3 solicitudes de liberación, aún no era un hombre libre.

Sólo podía ser puesto en libertad bajo fianza, que estaba fijada en USD 10.000. Una cantidad significativa de dinero para alguien como yo. Al mismo tiempo es inevitable la reflexión con respecto a la "*justicia*". En mi caso, pude volver a mi casa por haber podido, mediante ayuda de otras personas, conseguir esa suma de dinero. Pero si no hubiese podido conseguir ese monto, hubiese seguido preso con toda la frustración que hubiese implicado esa situación tan "*injusta*" en un sistema que en teoría deber asegurar "*justicia*".

Así que básicamente pasé 8 meses de mi vida pudriéndome en prisión, en un ambiente potencialmente inseguro, para nada más que **tener material para escribir un libro.**

A menudo me preguntaba qué habría pasado si me hubieran herido gravemente o tal vez incluso hubiera **muerto** como resultado de una pelea entre reclusos o un motín en la prisión.

No puedo explicar lo bien que me sentí al oír a los guardias llamarme por mi nombre para decirme que podría salir de la prisión sin esposas. **Estaba muy feliz.**

Regreso a mi hogar

Pensé que nada podría sorprenderme más, pero cuando abrí la puerta

de mi apartamento vi algunas cajas en el suelo. ¿Qué había en ellas?

Más de 30 discos duros, que variaban entre 20 GB y 3 TB de tamaño.

No estaban todos en un solo lugar, estaban esparcidos por mi

apartamento. Como si la policía se olvidó de ellos.

Las otras cosas que dejaron incluían algunas monedas extranjeras,

alrededor de 20 tarjetas magnéticas y RFID en blanco, tarjetas en blanco

con fichas, así como lectores para esas tarjetas.

Por no hablar de un iPhone 6s, un minero de criptomonedas ASIC, un dron, algunas tarjetas gráficas y componentes informáticos, más de 1000

DVDs y CDs, una caja de TV Android... La lista continúa.

Para mí, esta fue una ejecución inapropiada de la orden de registro. Fue

algo que no debería haberse aceptado por la justicia. La forma en que lo

entiendo es que la policía no puede ser insignificante y selectiva en la

recopilación de pruebas. No sólo cualquier cosa que sea la prueba de

un delito, sino igualmente cualquier cosa que pueda absolver a alguien o

jugar a su favor debe ser tomada como evidencia.

Este enfoque se basa en las normas y las mejores prácticas

internacionalmente aceptadas en la informática forense. ¿Cuál fue la

razón para hacer un desastre en mi apartamento para tratar de encontrar

tantos artículos como sea posible, solo para dejar una gran cantidad de ellos atrás?

Podría entenderlo si se olvidaran de llevar un par de tarjetas magnéticas o billetes sueltos por ahí, pero gran parte de las cosas que se quedaron impedían que pudiera salir de mi casa sin patear o tropezar con un disco duro tirado en el suelo.

Yo tenía en mi casa dos destructoras de documentos. Se llevaron una y dejaron la otra. ¿Qué tipo de medio electrónico es una destructora de documentos? ¿Qué rol podría jugar en el caso? ¿Qué criterio se usó para llevar una y dejar otra? Se llevaron una guillotina nueva, sin uso. ¿Qué pensaban obtener de la guillotina? Se llevaron una linterna de 2 dólares que funciona con 2 pilas AAA.

No tengo temor en afirmar lo que ya dije, en el procedimiento me **fueron robados** diversos elementos de mi domicilio. Perfumes, un reloj, una cámara digital de fotos, una valija "*carry-on*" son algunas de las cosas que desaparecieron de mi hogar el día del allanamiento. Muchísima gente me aseguró de que lamentablemente esos hechos son algo extremadamente comunes. Como anécdota, la linterna de 2 dólares no me fue devuelta, pero aparece en las fotos publicadas por la unidad de comunicaciones del Ministerio del Interior en el comunicado de prensa sobre el operativo. Me causa gracia imaginar lo que los funcionarios de Interpol pensaron al ver la simple linterna. Supongo que para ellos era un arma de hackeo de última generación.

Figura 39 - – MÁS DE 30 DISCOS DUROS NO INCAUTADOS

Me olvidaba de otro pequeño detalle. También dejaron en mi casa 3 notebooks, así como 3 **celulares.** ¡No fue un allanamiento, fue un espectáculo mediático!

En retrospectiva

En retrospectiva, me siento traicionado. Uno de los hechos que más me dolió y desconcertó, (además de todo el proceder de la policía y el sistema judicial) sucedió cuando más de dos años después de mi procesamiento con prisión, cuando finalmente tuve en mis manos las 1000 hojas del expediente del caso, sentí que me clavaron un puñal por la espalda al leer que el **Director de Seguridad de Presidencia** le dijo a la jueza que no recordaba que yo hubiese realizado algún reporte con algún problema en ese sistema. Mencionó que "**revisé algunos correos, pero no encontré nada**".

Primero, algo como lo reportado en 2014 tenía una gravedad tal que es difícil olvidarse de ella, más aún cuando esa persona fue la que respondió al reporte que efectué ese día. El segundo reporte también era sobre problemas importantes de seguridad. Y por encima de todo,

todos mis reportes tienen un número. ¡De ticket asociado para su

seguimiento! "*No recuerdo que Alberto Hill haya reportado algún*

problema" no es una respuesta a la pregunta, la respuesta es sí o no.

Obviamente, en este caso es sí. Mientras respondo esto, me viene a la

mente de forma espontánea la pregunta:

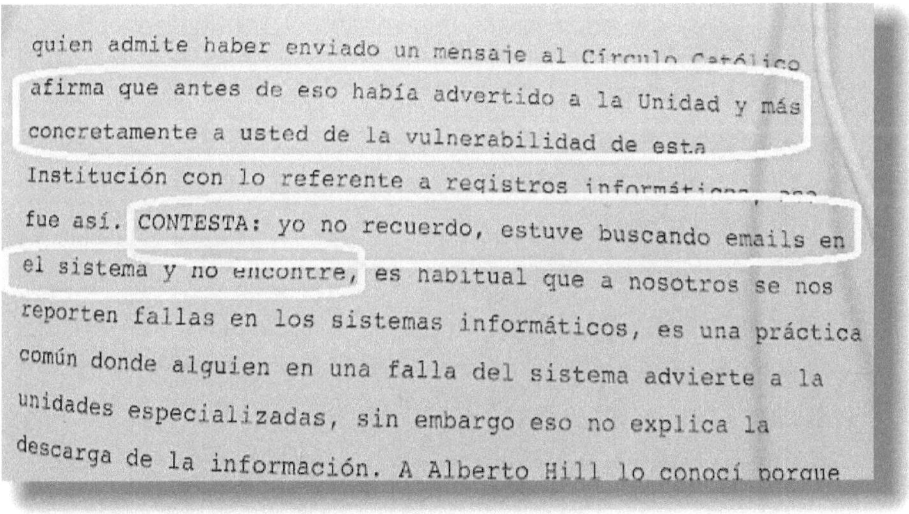

quien admite haber enviado un mensaje al Círculo Católico
afirma que antes de eso había advertido a la Unidad y más
concretamente a usted de la vulnerabilidad de esta
Institución con lo referente a registros informáticos, eso
fue así. CONTESTA: yo no recuerdo, estuve buscando emails en
el sistema y no encontre, es habitual que a nosotros se nos
reporten fallas en los sistemas informáticos, es una práctica
común donde alguien en una falla del sistema advierte a la
unidades especializadas, sin embargo eso no explica la
descarga de la información. A Alberto Hill lo conocí porque

Figura 40 - FUENTE: EXPEDIENTE DEL CASO

En retrospectiva, **me debería haber alejado de todo** y no le habría dicho nada a nadie. Traté de ayudar a una compañía con la que no tenía ninguna relación.

Sí señalé problemas de seguridad que podrían haber afectado potencialmente a miles de personas. Hice todo esto sin ningún incentivo o perspectivas de una recompensa monetaria de ningún tipo.

"Supongo que fui ingenuo. No esperaba que mi vida se

volviera patas arriba como resultado de esto. ¡Nadie

jamás imaginaría vivir una tan triste [6] y demoledora

historia como la mía!"

Vale la pena mencionar otro ejemplo de **incompetencia** para tratar el

caso en el que me vi envuelto. La persona que no recuerda que yo haya

reportado problemas de seguridad en la mutualista, salió en un

programa de radio a los pocos días de mi encarcelamiento para hablar

sobre el caso.

Las conductoras del programa le preguntaron cómo era un incidente de

estas características, a lo que la persona respondió que era *"bastante*

particular ya que quien tiene que pagar el rescate no tiene la menor idea

de cómo hacerlo". En ningún momento dijo que, en el caso en cuestión, aunque las supuestas víctimas hubiesen sido expertas en el tema, jamás

habrían podido pagar dado que el supuesto mail no incluyó la dirección

de la billetera electrónica donde depositar lo pedido. O sea, ni el Director

de Seguridad de Presidencia tuvo la capacidad de detectar ese detalle y

asesorar con propiedad a los magistrados. Entre su desconocimiento de

mis reportes y esa nota radial, me quedó claro que soy yo contra el

Uruguay.

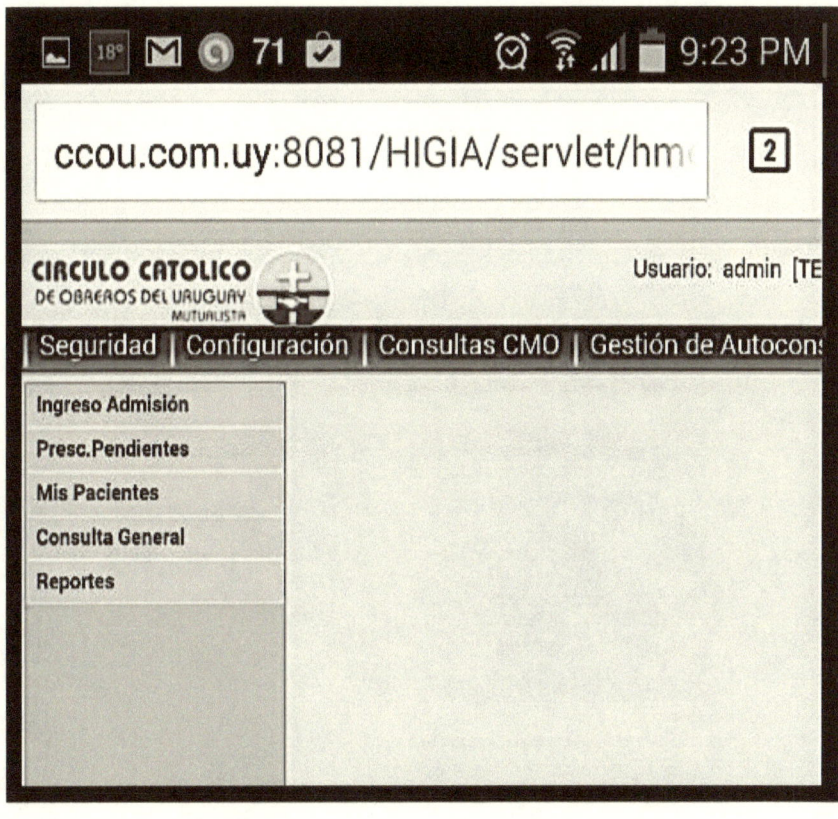

Figura 41- En el sistema medico como "admin" "admin"

Los golpes económicos

Nuestras vidas se definen por las oportunidades, incluso las que

perdemos[18].

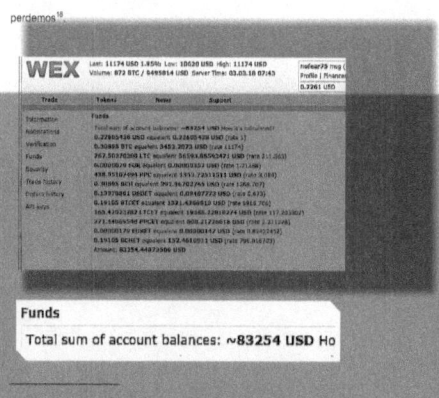

Funds

Total sum of account balances: ~83254 USD Ho

Figura 42 - MIS AHORROS Y DINERO DE TERCEROS PERDIDOS POR EL DESINTERÉS DE LA JUSTICIA

Uno de los elementos que me mantenía fuerte, con esperanza y tranquilidad era que al salir iba a contar con el fruto de mis ahorros e inversiones en criptomonedas para retomar mi vida de forma tranquila y sin problemas.

Pero "problemas" seguramente fue el segundo nombre de la "Operación Bitcoins". En el exchange wex.nz llegué a tener el equivalente a más de 100k USD con las cotizaciones de las criptomonedas a finales de 2017. No voy a explicar la historia de btc-e.com y wex.nz pero era para mi fundamental sacar todos mis activos de ese exchange porque todo indicaba que su vida estaba limitada.

Pero maldita sea la seguridad. No podía mover ni una maldita criptomoneda sin mi celular con Google *authenticator*, un Lenovo incautado por la policía. Mi desesperación llegó al punto de ofrecerle a la justicia, como ya lo mencioné, todas mis contraseñas, pins, credenciales, etc., para que vieran los contenidos y se me devolvieran cuanto antes, en particular dicho celular. Mi ofrecimiento, sueño de cualquier equipo de informática forense en el mundo, fue negado por la fiscal. A finales de 2018, wex.nz desapareció del planeta y ahí se fueron mis ahorros, ahorros de mi madre y de mi exnovia.

Ese evento me tiro la moral al piso y empecé a entrar en un **estado depresivo** al ver como el panorama de mi vida había cambiado de forma radical. Mi salud se vino a pique.

Me quedaba otra alternativa. Previo a mi arresto, había sacado todas mis criptomonedas de los aproximadamente 10 exchanges en los que operaba, salvo en btc-e..com dado que estaban sin brindar servicios luego de problemas legales y comenzaría a operar de nuevo el 15 de setiembre de 2017 (día que fui trasladado a la cárcel de durazno).

Todo lo que no estaba en btc-e, estaba en mi billetera electrónica ledger nano s. incautada en el procedimiento. Se pueden ver todas las cajas de las billeteras electrónicas en las fotos del comunicado de prensa del ministerio del interior.

En septiembre del 2019, la jueza dio la orden de la devolución de todo lo incautado al no encontrarse elementos relacionados con delito alguno en los mismos. Yo quería la billetera y el resto era secundario.

JUZGADO LETRADO DE PRIMERA
INSTANCIA EN LO PENAL DE 26ª TURNO
Uruguay 907 - Montevideo
Tel. 2904-8342 y 2904-9566

REPÚBLICA
ORIENTAL DEL
URUGUAY
PODER JUDICIAL

OFICIO

Montevideo, 4 de Setiembre de 2019

Oficio Nº 624/2019

Sr. Director General de Lucha Contra el Crimen Organizado e INTERPOL.

Ref: vuestros oficios:

Presente:-

En autos caratulados: "HILL ANTONIOLI, ALBERTO DANIEL C/P UN DELITO DE
CONOCIMIENTO FRAUDULENTO DE DOCUMENTOS SECRETOS, EN
CONCURRENCIA FUERA DE LA REITERACIÓN CON UN DELITO DE EXTORSIÓN
EN GRADO DE TENTATIVA Pieza por devolución de efectos", 3, se
libra a Ud. el presente a los efectos de comunicarle que por Resolución de la Sra. Juez
Letrado de Primer Instancia en lo Penal de 26º Turno, se dispuso DEVOLVER BAJO
RECIBO DE ENTREGA a su propietario, el Sr. HILL ANTONIOLI ALBERTO DANIEL
titular de la C.I   !, las pertenencias incautadas y detalladas en las actas de
incautaciones Nro. 0796 y Nro. 0834.

A efectos de cumplir con la medida ordenada, se adjunta al presente, copia simple
de las actas de incautación.

Cumplido, sírvase remitir constancia de devolución.

El presente se libra en cumplimiento a lo dispuesto por Providencia Nro.2322 de fecha 03
de setiembre de 2019 que a continuación se trascribe: "Devuélvanse la totalidad de los
efectos incautados en autos, bajo recibo, oficiándose a sus efectos."

Saluda a Ud. atentamente.-

Esc. Carlos Alejandro Amílivia
ACTUARIO ADJUNTO

https://validaciones.poderjudicial.gub.uy

*Figura 43 - ORDEN JUDICIAL PARA LA DEVOLUCIÓN INMEDIATA DE TODOS LOS OBJETOS QUE
SE ME INCAUTARON.*

Cuando me dan la caja de esta, la abro y para mi asombro, ¡está vacía!

Pongo el grito en el cielo y me dicen: **"Es que incautamos solo la caja"**.

Ese fue mi *knock out* anímico. De ahí caí en picada y entré en **un estado depresivo** severo. Toque fondo. Perdí todos mis activos, activos de terceros, que además eran mi instrumento de trabajo. Ahora no trabajo ni estoy en condiciones de trabajar porque todo lo que tuve que vivir **repercutió seriamente en mi salud.** Siento que todos los sacrificios que hice y que me permitieron llegar a un punto donde podía llevar una vida con total tranquilidad y poder finalmente establecerme no sirvieron de nada y en un instante fui despojado de todo. Estoy en un escenario donde el sentido común indica que no existe posibilidad alguna de recuperación. Es **triste [7]** y **deprimente**. Estoy pasando muy mal, como nunca en mi vida, y no veo una salida para mejorar.

Lo más "gracioso", por no decir "terrible" de lo que cuento es que, en el expediente de 1000 hojas, un 5% del mismo contiene la impresión de toda la información técnica de Ledger sobre los Ledger modelo NANO S. Si, **5% del expediente** está dedicado a todos los manuales del dispositivo del que solo incautaron la caja vacía. Sin comentarios. El robo de esa billetera, junto con los 100 mil dólares perdidos por no tener acceso al celular con *Google Authenticator* (celular que tuvieron 2 años y me lo devolvieron sin periciar) fueron los golpes más duro de todo este proceso y mi salud física y mental se vinieron abajo de una forma estrepitosa. Mi vida se me destruyo por completo. Se me había despojado de todo mi presente y futuro.

Para reírse o llorar

Récord Guinness al acceso más lento a una cuenta de correo.

El día de su arresto, mi expareja proporcionó de forma voluntaria acceso

a su cuenta de correo electrónico a la gente de delitos informáticos. La

hoja que registra lo mencionado es la siguiente:

Figura 44 - Una de las varias actas patéticas que he visto.

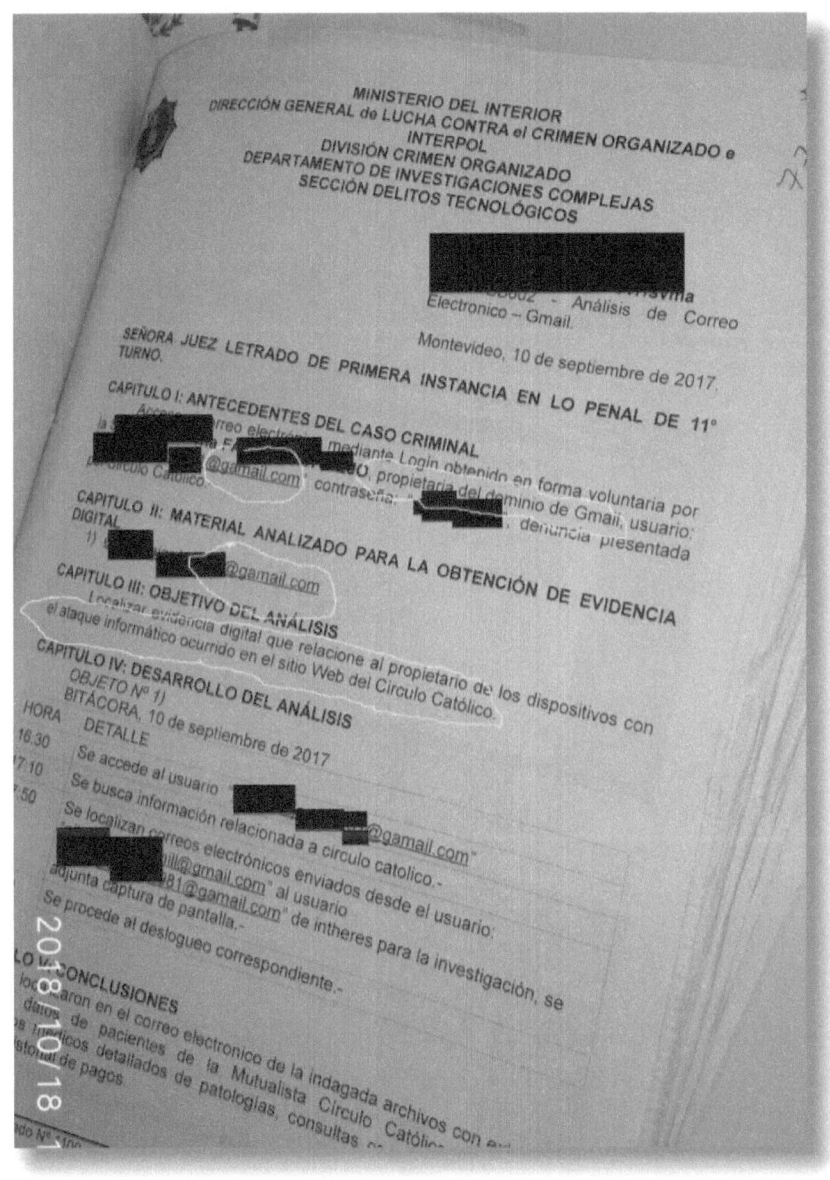

Figura 45 - Fuente: Expediente Judicial

1. Mi expareja es propietaria del dominio GMAIL.COM. No sé si es

   para llorar o reírse. Pero si sé que es un claro ejemplo de la

   carencia de conocimientos básicos de informática y temas

   relacionados con internet. ´

2. Su dirección luego de su nombre es @gamail.com, Simplemente

   esto ameritaría la inadmisibilidad de un documento tan ridículo.

3. Objetivo del Análisis: Ridículo, inentendible.

4. Bitácora del Análisis: 30 minutos para cada acción.

5. Tengo el derecho de que la justicia pida información a Google

   sobre todas mis comunicaciones vía email con destinatario al dominio @gamail.com. No existirá ningún registro y eso invalidaría

el desastroso trabajo de los agentes de Uruguay.

6. ¿Desde donde se conecta al servidor de correo? ¿Qué dispositivo

se utilizó para dicha conexión? ¿Por dónde se salió a internet?

¿Qué cadenas de búsqueda se utilizaron? ¿Quién fue la persona

responsable del procedimiento?

7. No vale la pena seguir destruyendo el proyecto de documento

sobre el acceso al correo de mi expareja. Aunque lo debería hacer

por haberle destruido a ella. La persona más buena que conocí.

Entre otras cosas, le dijeron que yo había confesado que ella era

la autora intelectual del supuesto delito. Llamaron por teléfono a su

trabajo, sufrió una amenaza, le dijeron que iba a perder su trabajo si no reconocía su participación. Supongo que esa es la única forma que tienen para cerrar casos, violencia psicológica y mentiras por todos lados. No importa a quien tienen adelante, solo saben ser patoteros e inhumanos.

No hable con ella al estar **detenido**. Un par de semanas después de ese par de días donde estuve **encerrado en Interpol**, pude hablar con ella. Pensaba que lo que le dijeron era cierto y se le vino el mundo abajo, **llorando** me dijo que lo que le expresaron le hizo caer su mundo abajo ya que nunca le desmintieron la información falsa que le dijeron. Pensaba que estuvo 8 años con alguien que cometía **delitos** y en el caso, en lugar de protegerla, testifique en su contra. Está claro que esas bestias de Interpol solo son eso, bestias, están lejos de ser humanos. **EN LOS DÍAS DE ARRESTO, DESTRUYERON DOS VIDAS.**

Los narcotraficantes tienen más garantías

Una organización que enfrenta un **incidente de seguridad** informática debe actuar conforme a un plan de acción creado **antes** de que se produzca cualquier incidente.

En pocas palabras, ante un evento que puede ser un incidente de seguridad, la forma de proceder ya fue decidida y aprobada mucho antes por la dirección de la empresa en un enfoque basado en riesgos. Son **elementos que no se definen** cuando se está ante **un posible ataque**.

Hay **dos caminos** para seguir cuando se detecta un incidente de seguridad. Se debe decidir si la continuidad de las operaciones es más importante que detener las operaciones y según sea la decisión los caminos a seguir son diferentes.

Si la importancia de la continuidad de las operaciones es la que prima, el tratamiento del incidente sacrifica la posibilidad de tomar un camino legal ante el incidente, dado que la continuidad operativa altera toda la evidencia que pueda existir para tomar acciones penales.

En cambio, si lo que se busca es tomar acciones legales ante la situación, sacrificando a las operaciones, se debe preservar todas las evidencias de lo que sucede siguiendo normas de referencia en la materia.

Un de mis compañeros de la cárcel, preso por una causa relacionada con drogas, me explicaba que la **droga** incautada, **como toda evidencia,** se preserva. Esta persona fue acusada por un delito asociado con la droga "pasta base" pero la persona apeló la acusación y pidió un estudio del instituto técnico forense para confirmar que lo incautado era pasta base. En Uruguay no existen reactivos que puedan diferencia a la pasta base de alcaloide de cocaína, por lo que de la droga incautada, preservada y analizada su causa paso a ser por un tema de cocaína el cual es mucho más leve que por "pasta base".

En mi caso, la evidencia a preservar eran los servidores y toda la infraestructura vinculada con el caso, que debió haber sido incautada y preservada como se me incauto a mi todos mis equipos y herramientas de trabajo durante dos años.

A diferencia del caso mencionado, yo no tengo ninguna posibilidad de un análisis de lo actuado en el caso por una tercera parte independiente,

algo básico para un proceso con debidas garantías de ser justo.

En mi caso, increíblemente, yo tengo menos garantías y transparencia

que la que tiene un narcotraficante.

¿Como se explica que no se haya preservado la evidencia? ¿En que se

basaron para permitir que eso sucediera? No tiene sentido y asusta por

la falta de garantías que dan para "una revisión" de lo actuado para

verificar que lo que se hizo es lo que se muestra en los papeles impresos

sobre los cuales no se puede hacer ningún análisis que verifique lo

denunciado.

En este punto reitero, mi destino ya estaba definido mucho antes de ser

llevado al juzgado.

Son muchas irregularidades y actuaciones equivocadas, así como actuaciones no aceptables en el caso. Toda evidencia digital para que tenga valor legal, debe ser firmada mediante firma electrónica avanzada según la ley 18600. Ni un solo documento fue firmado digitalmente.

¿Como puede alguien defenderse de una forma apropiada y justa ante tantos errores en el manejo del caso?

La respuesta es simple, uno NO puede tener una defense apropiada en un caso así.

Todo salió mal

Si preparara una lista de todo lo que salió mal con esta investigación desde el punto de vista de la preservación de la evidencia digital en un presunto delito cibernético, ¿qué estaría en la lista?

¡Podría ser una larga lista! además, todo lo que podía salir mal, no solo salió mal, sino que salió peor que mal.

Para empezar, en Uruguay, se debe preservar la identidad de cualquier persona procesada sin antecedentes. Yo no tenía antecedentes, pero mi identidad no fue reservada y simplemente mirando las fotos del ministerio del interior, se podía ver mi nombre y foto en tarjetas de identificación de lugares donde trabajé. En las tarjetas de crédito, además de los números se podía ver mi nombre. Eso fue de forma deliberada como parte de un trabajo para destruirme sin piedad.

Durante el allanamiento una funcionaria de Interpol toma mi celular Samsung GALAXY S7 que estaba apagado y cargando y lo encendió. Las buenas prácticas en informática forense son contundentes en estos casos. Si el celular esta apagado, se incauta apagado. Al encenderlo contamina la evidencia. Revisando logs de Google sobre la actividad del celular pude comprobar que se revisaron mis conversaciones de *whatsapp* y *telegram*, al poder acceder al equipo luego de que mi expareja les diera la contraseña para desbloquearlo. Estas "inspecciones" sobre un equipo ya contaminado no quedo registrada en ninguna parte del expediente, de nuevo, en contra de las normas de referencia y buenas prácticas en informática forense aceptadas mundialmente.

El falso positivo del papel con el *log* de firewall del proveedor de servicios médicos.

SAMPLE FORTIGATE ATTACK

Message meets Alert condition

The following intrusion was observed: HTTP.URI.SQL.Injection.

date=2017-01-31 time=14:51:27 devname=FG500D-CC devid=FGT5HD3915805618 logid=
0419016384 type=utm subtype=ips eventtype=signature level=alert vd="root" severity=high
srcip=186.54.156.109 srccountry="Uruguay" dstip=10.0.0.100 srcintf="port14" dstintf="port1"
policyid=13 sessionid=268483319 action=dropped proto=6 service=HTTP
attack="HTTP.URI.SQL.Injection" srcport=50423 dstport=80 hostname="201.217.138.93:8083"
direction=outgoing attackid=15621 profile="Protect-Apache_Tomcat"
ref="http://www.fortinet.com/ids/VID15621" incidentserialno=1945443122 msg="web_misc:
HTTP.URI.SQL.Injection," crscore=30 crlevel=high

Message meets Alert condition

The following intrusion was observed: HTTP.URI.SQL.Injection.

date=2017-01-31 time=14:52:28 devname=FG500D-CC devid=FGT5HD3915805618 logid=
0419016384 type=utm subtype=ips eventtype=signature level=alert vd="root" severity=high
srcip=186.54.156.109 srccountry="Uruguay" dstip=10.0.0.100 srcintf="port14" dstintf="port1"
policyid=13 sessionid=268492506 action=dropped proto=6 service=HTTP
attack="HTTP.URI.SQL.Injection" srcport=50473 dstport=80 direction=outgoing attackid=15621
profile="Protect-Apache_Tomcat" ref="http://www.fortinet.com/ids/VID15621"
incidentserialno=1169194402 msg="web_misc: HTTP.URI.SQL.Injection," crscore=30
crlevel=high

Message meets Alert condition

The following intrusion was observed: HTTP.URI.SQL.Injection.

date=2017-01-31 time=14:52:28 devname=FG500D-CC devid=FGT5HD3915805618 logid=
0419016384 type=utm subtype=ips eventtype=signature level=alert vd="root" severity=high
srcip=186.54.156.109 srccountry="Uruguay" dstip=10.0.0.100 srcintf="port14" dstintf="port1"
policyid=13 sessionid=268492465 action=dropped proto=6 service=HTTP
attack="HTTP.URI.SQL.Injection" srcport=50472 dstport=80 direction=outgoing attackid=15621
profile="Protect-Apache_Tomcat" ref="http://www.fortinet.com/ids/VID15621"
incidentserialno=1481010332 msg="web_misc: HTTP.URI.SQL.Injection," crscore=30
crlevel=high

Figura 46 - Evidencia de que nada pasó desde mi IP

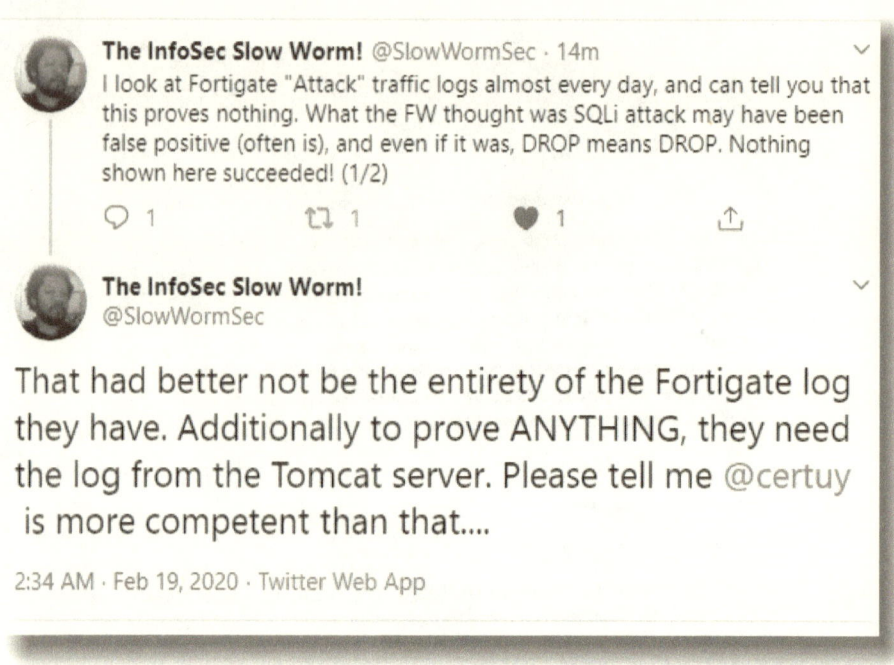

Figura 47 - Interpretación del papel con el LOG

Un falso positivo al detectar el "ataque". El firewall hizo "*drop*[19]" de las

conexiones. No paso nada. Triste [8], muy triste [9].

_____

[19] Un "*drop*" en pocas palabras significa que el firewall no permitió la comunicación con su sistema. Es como recibir balazos en un chaleco antibalas. Las balas no pasan el chaleco. Las conexiones no pasan al sistema.

0) El email no fue envidado desde una cuenta de correos "descartable".
La dirección de email supuestamente recibida por el proveedor de
servicios de salud es de un proveedor de servicios de internet que entre
otras cosas brinda servicios de cuentas de correos electrónicos. La
primera cosa que se debería haber hecho es pedir información, orden
judicial de por medio, a dicho proveedor sobre la cuenta de donde
supuestamente se mandó el mail. **¿Por qué se obvió ese paso, bastante
importante?**

1) No hay evidencia de ninguna conexión desde mi dirección IP de casa
al sitio web de la víctima que no sea la de un supuesto registro el
31/01/2017. La misma fue catalogada por los funcionarios del Círculo
Católico con un escaneo de puertos. Un escaneo de puertos no es delito
en ninguna parte del mundo. El firewall del Círculo Católico,
aparentemente, según los registros, rechazó ese escaneo, por lo que no

pasó nada en esa ocasión. Como analogía, sería como si Shodan[20] se

utilizara para escanear su dirección IP. ¡Nada de intrusión!

En el expediente de investigación no hay evidencia o declaración de

nadie de mi ISP.

2) El Círculo Católico encargó a un empleado la recopilación de registros

del servidor y su envío a CERTuy.

Tendría que haber sido al revés. Debería haber sido alguien de CERTuy

o la policía que acudiera a las instalaciones del proveedor médico con el

---

[20]Shodan es un motor de búsqueda que le permite al usuario encontrar iguales o diferentes tipos específicos de equipos (routers, servidores, etc.) conectados a Internet a través de una variedad de filtros. Algunos también lo han descrito como un motor de búsqueda de banners de servicios, que son metadatos que el servidor envía de vuelta al cliente.1 Esta información puede ser sobre el software de servidor, qué opciones admite el servicio, un mensaje de bienvenida o cualquier otra cosa que el cliente pueda saber antes de interactuar con el servidor. Fuente: https://es.wikipedia.org/wiki/Shodan

fin de obtener la declaración de un testigo y asegurar cualquier

evidencia digital potencial.

3) **Los registros del** servidor se intercambiaron en texto sin formato a

través de correos electrónicos entre el Círculo Católico y CERTuy. Estos

intercambios de correo electrónico se consideraron suficientes desde el

punto de vista probatorio. **Un manejo tan primitivo de la supuesta**

evidencia no debió haberse aceptado como prueba.

4) **Los oficiales de** policía no estaban adecuadamente preparados para

ejecutar una orden de registro en mi casa.

No estaban **entrenados, mal equipados, no eran competentes,** no

construyeron ningún perfil de **inteligencia** y no sabían qué esperar una vez que obtuvieron la entrada. No pudieron ni aseguraron la **evidencia digital** correctamente y dejaron una gran cantidad de evidencia potencial.

5) La policía comunicó la detención de un ciberdelincuente al fiscal del estado y también a la prensa.

6) La justicia negó una pericia por una tercera parte independiente de lo incautado. Es un derecho y garantía básica para cualquier proceso.

7) La fiscal negó que suministrara todas mis contraseñas, PINs y cualquier credencial necesaria para acceder a los equipos incautados, así como servicios en la nube de mi propiedad. El planteo fue hecho para acelerar el proceso. Además, no tengo nada que ocultar en los

medios de mi propiedad. No hay elementos ilegales porque yo no me dedico ni tengo relación con actividades ilegales.

Una cosa que estuvo mal fue el juicio de los medios de comunicación antes de que comenzara cualquier procedimiento, pero lo más importante es que fui retratado ante el fiscal como alguien que no sólo cometió extorsión, sino que también estaba vinculado al fraude de tarjetas o la piratería de cuentas bancarias.

Esa cadena de comunicación entre la policía y el fiscal del estado estaba llena de **ruido y sesgo**.

En septiembre de 2019, un juez ordenó que todos los artículos incautados me fueran devueltos. Ninguno de ellos fue identificado como herramienta o producto de ningún delito.

Así que básicamente todas las cosas mostradas en una buena matriz como evidencia en esa fotografía de una mesa, lista para que los medios tomaran fotos, tuvieron que ser devueltas.

Irónicamente, este hecho no apareció en ningún medio. **Para los registros siempre seré el ciberdelincuente.**

Supongo que los errores judiciales no hacen historias periodísticas geniales.

Figura 48- Show para la prensa del Ministerio del Interior.

Figura 49 - Todo armado para la foto

6) **El correo electrónico de** extorsión que fue enviado al Círculo Católico

no tenía ninguna dirección bitcoin para el pago del rescate. La policía lo

sabía desde el principio.

Fue una **mala broma** o un intento de chantaje por un **ciberdelincuente aficionado**. Nadie lo señaló durante la investigación.

Así que **6 meses** después de que me liberaron de la prisión fui al Juzgado con mi abogado y sólo entonces se mencionó este hecho por primera vez. Incluso si la Institución de Salud quería pagar al extorsionador, **no había manera** de que pudiera haberlo hecho.

7) Los registros presentados por la empresa en formato papel mostraban una dirección IP que conectaba al sitio web del Círculo Católico. Transfirió alrededor de 150MB de información como resultado de la conexión. **La IP asociada a ese tráfico no está de ninguna forma ligada a mí.**

¿Cuál sería el tamaño de una base de datos de tu proveedor médico promedio? No tengo ni idea, pero digamos ¿1 TB? ¿100 GB? ¿Tal vez sólo 10 GB o menos?

No lo sé, pero sé que 150 MB de información no es del tamaño de una "base de datos robada" a un proveedor médico. Eso es un equivalente a 15 o menos fotografías de alta definición o tal vez 2 o 3 audiolibros relativamente cortos...

8) No hay rastros de malware, ransomware o cualquier otro software malicioso que se haya encontrado en los sistemas del proveedor médico. Así que esto es otra cosa que sugiere que toda la extorsión fue un engaño y una amenaza vacía. Nadie habría sido capaz de destruir la base de datos de la compañía médica.

Lo siguiente va a generarles incluso más interrogantes sobre todo lo relacionado con este caso.

En **diciembre de 2016**, mi novia me pidió que me fijara en el sistema del proveedor de salud y buscará un determinado documento que necesitaba para poder donar sangre. Ingrese al sistema con su usuario y contraseña y no encontraba lo que buscaba. Los rangos de fecha para buscar información eran muy acotados, solo se podían hacer consultas dentro de un lapso de 6 meses. En ese momento, decidí modificar el control sobre el rango y mandar consultas que buscaran en rangos sin límites. Al hacer eso, el sistema dejo de responder. Si, **hice caer el sistema** con mi consulta haciendo eso, ya que obviamente el sistema no soportaba consultas de con esas condiciones. **Eso no es delito, ¿pero no debió haber saltado en el proveedor de servicios de salud como un "ataque"? Debería. ¿No salto ninguna alerta?

¿Creen que en diciembre del 2016 los problemas de seguridad de la empresa se habían solucionado? **No voy a responder a esa pregunta.**

No es necesario que lo haya, ustedes ya conocen la respuesta.

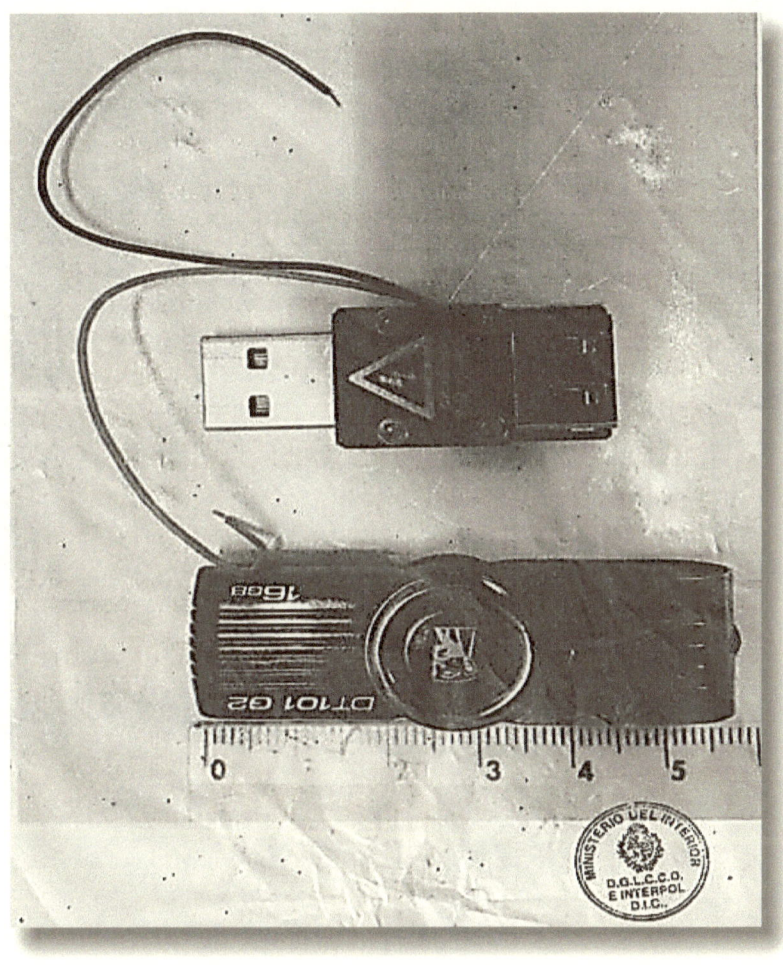

Figura 50 - Un USB KILLER está como evidencia en el expediente...

¿Evidencia exactamente de qué?

Figura 51 - Una máscara de "Anonymous" está como evidencia en el expediente...

¿Evidencia exactamente de qué?

Interpretación equivocada del caso en libros de derecho informático.

Adicionalmente, en un libro de Derecho informático e Informática jurídica, se hace referencia a mi caso y en un solo párrafo lo expresado muestra la incapacidad de comprender lo que realmente sucedió. Si en este contexto la referencia al caso no es consistente con todo lo que supuestamente sucedió, la incompetencia para tratar mi caso es evidente.

María José Viega Rodríguez
María Jimena Hernández Varela

DERECHO INFORMÁTICO E INFORMÁTICA JURÍDICA II

- Informática y Derechos Humanos
- Gobierno Electrónico
- Comercio Electrónico
- Prueba Electrónica
- Informática y Contratación
- Responsabilidad Civil y Penal

fcu
Fundación de Cultura Universitaria

> Por último, en materia penal cabe destacar el Auto de Procesamiento del
> do Letrado en lo Penal de 11º Turno, de 13 de Setiembre de 2017 por el
> procesa por un delito de conocimiento fraudulento de documento secreto en
> rrencia con un delito de extorsión, cometidos a través de medios informá
> *criptomoneda*. Se trata de un caso en el cual se accede indebidamente a lo
> mas de un prestador de salud y se solicita el pago en *bitcoins* por la devolu
> los archivos accedidos.

"cometidos mediante medios informáticos y criptomoneda"

El supuesto delito no se comente mediante criptomonedas.

"Se accede indebidamente a los sistemas de un prestador de saludo y se solicita el pago en bitcoins por la devolución de los archivos accedidos"

No se menciona que la solicitud del pago en bitcoins es ridícula al carecer de una dirección de pago. "**La devolución de los datos accedidos**" sugiere que se sacaron del sistema y los datos quedaron en manos del atacante. **Los datos estuvieron siempre en manos del proveedor de servicios de salud** y nunca fueron sacados de ahí **ni existía** ningún software o programa malicioso que los pudiera alterar o no

permitir el acceso por parte de la mutualista. En ningún momento la

mutualista dejo de poder acceder a la información. Además, no había

forma de comunicación entre la mutualista y el "ladrón de los datos".

Preocupa y es otra señal de alerta que especialistas en derecho informático de nuestro país hagan dicha interpretación del auto de procesamiento del caso.

Existen tantas versiones de lo ocurrido como personas que lo intentan explicar.

Y para mi es **preocupante** que yo haya sido la única persona que **haya puesto el grito en el cielo** al acceder al expediente y ver que **el pedido de rescate carecía de dirección de pago**. Es algo **clave** en el caso y nadie, absolutamente **nadie jamás lo mencionó** o se dio cuenta de ello, ya sea por **desconocimiento** del tema o algún motivo que desconozco.

Mi historia en el mundo

Inicialmente difundido como episodio de un podcast llamado **Darknetdiaries** el 1ero de noviembre de 2018, en su episodio 25 denominado "**Alberto**", la popularidad de mi caso se convirtió en una bola de nieve a medida que el podcast se transformaba en uno de los más prestigiosos en la materia y desde principios de 2020, mi historia se escucha unas 15.000 veces por mes, acumulando aproximadamente 200.000 reproducciones.

Figura 52 - DARKNET DIARIES EP. 25 - "ALBERTO"

No creo en los accidentes. Por algún extraño motivo, un día terminé

visitando la página **darknetdiaries.com** y algo logró capturar mi atención.

Había una frase que decía **"Cuéntame una buena historia de hackers"**

(*Tell me a good hacker story*). En ese momento me dije: ¿quieres una

buena historia de hackers? **¡Ok, te contaré una que te hará explotar la**

cabeza!

Posteriormente, su difusión en innumerables medios que la conocieron por medio de Darknetdiaries, hizo que la historia llegara a **aproximadamente un millón de personas,** en su mayoría personas del mundo de la ciberseguridad.

La mayor difusión de la historia fue en Alemania en diciembre de 2018 cuando el caso fue presentado en uno de los eventos de seguridad más importantes del mundo, la conferencia de "*Chaos Computer Club*".

Figura 53 - *HTTPS://WWW.CCC.DE/*

Linus Neumann[21] tomo mi caso para presentarlo en el congreso. El

mensaje de la charla era "no subestimar la estupidez de la policía".

Concluyó que estaba seguro de que yo no envié el mail extorsivo porque

nadie hace una divulgación responsable dos veces, y menos, cuando

falta una dirección para depositar los bitcoins que se piden.

---

[21] https://de.wikipedia.org/wiki/Linus_Neumann

Figura 54 - CONGRESO 35C3

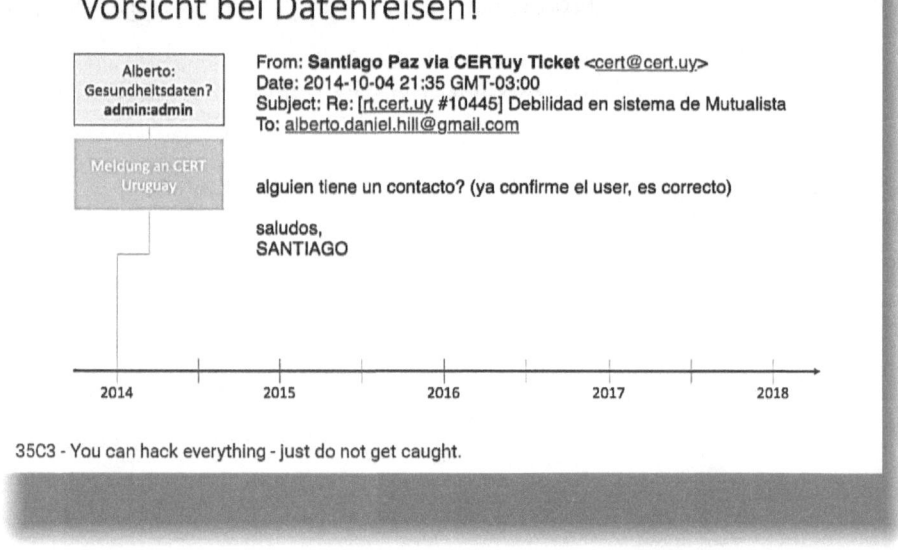

Figura 55 - CONGRESO 35C3

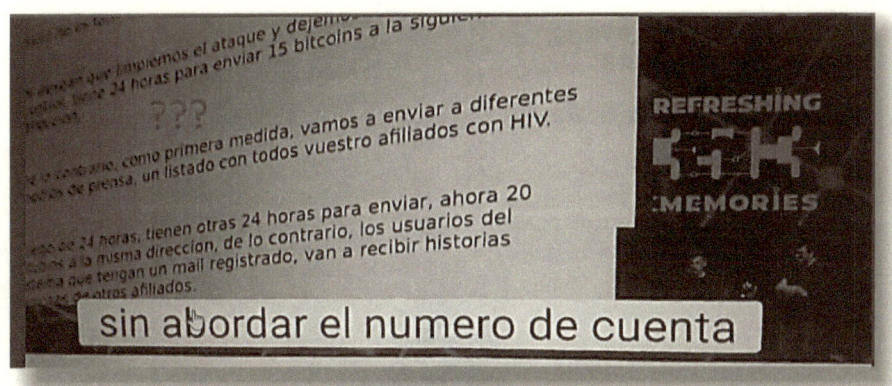

Figura 56 -CONGRESO 35C3

"<u>Seguro que Alberto no hizo esto</u> porque después de revelar responsablemente información no se envía un mail con un chantaje, especialmente si dice que se transfieran 15 bitcoins a la siguiente cuenta sin realmente dar una cuenta para el depósito"

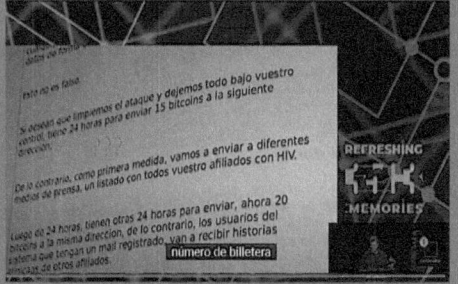

Figura 57 - CONGRESO 35C1

Figura 58 - Digital Forensics Magazine

En febrero de 2019, se publicó la primera entrega de un artículo en dos

partes sobre mi caso en la prestigiosa revista *Digital Forensics Magazine*,

del Reino Unido. Les resultó una historia sumamente interesante y fue nota destacada de dicha publicación. El artículo fue redactado por mí, pero los aspectos mencionados desde un punto de vista técnico fueron considerados muy útiles.

Otras publicaciones como eForensics y la publicación polaca Hackin9 también se interesaron en mi historia y tuve la posibilidad de redactar artículos sobre aspectos puntuales del caso.

Figura 59 - DIGITAL FORENSICS MAGAZINE

Lectura de mi caso por Jack Rhysider

Figura 60 - Jack, Host del podcast Darknetdiaries

"Toda esta historia ciertamente pone a Alberto en una situación muy extraña. Tiene toda la oportunidad, capacidad y sabe cómo cometer este crimen, que es lo que se usó para condenarlo. **Pero lo que realmente lo hizo quedar mal en la corte fue todo lo de hackers que tenía, como el rubberducky, la máscara de anonymous y las camisetas de hackers y pegatinas.** Se me plantea una pregunta al menos; ¿por qué los profesionales de la seguridad que están allí para detener a los ciber delincuentes? He pasado toda mi carrera profesional manteniendo

a los hackers fuera de las redes de mis clientes, así que pensarías que

aborrecía absolutamente a las comunidades de hackers y trabajaría

para destruirlos, pero en su lugar me encanta ir a conferencias de

hackers donde puedo conocer a hackers realmente aterradores e

intercambiar tácticas y habilidades con ellos."

"Para detener realmente a los hackers debemos convertirnos en hackers,

lo que odiamos y lo que más nos asusta. Debido a esta filosofía hay una

delgada línea gris entre un hacker ilegal y un profesional de la

seguridad. No es tan fácil llamar a alguien bueno o malo. Todos

tenemos un poco de ambos dentro de nosotros, pero la verdad es que

nadie debería ser condenado por un crimen por las pegatinas que tienen

o las ropas que usan. <u>Sólo deben ser condenados porque realmente

cometieron un crimen y en el caso de Alberto el sistema judicial no</u>

estaba preparado y tenía una idea predeterminada de cómo se ve un hacker y no era capaz de mirar las pruebas con los ojos claros. De alguna manera, los hackers ilegales y los profesionales de la seguridad son gemelos perdidos durante mucho tiempo. Tenemos las mismas habilidades y la misma curiosidad sin fin y en muchos casos nos vemos iguales. Supongo que es una de esas relaciones que son realmente complicadas, demasiado complicadas para que esta jueza en Uruguay lo entienda completamente."[22]

---

[22] Fuente: Episodio sobre mi caso del podcast Darknet Diaries. Traducido al español.

Preguntas sin responder

La investigación de un delito es como el armado de un puzle. En cierto punto uno puede tener suficientes piezas como para descubrirlo, pero en una investigación prácticamente nunca se tienen todas las piezas del rompecabezas. Hay muchas partes o preguntas a las cuales no se les encuentra respuesta.

¿Por qué la policía mintió en todo momento sobre la forma en la que dieron conmigo y con la otra persona que también sufrió un arresto y allanamiento?

En TODOS los sitios se dice de forma rotunda que se rastreó la IP del supuesto mail extorsivo al domicilio desde donde se envió.

⊡ El rastrear una IP en las condiciones que se relata, toma 5 minutos. Es levantar un teléfono y obtener la información. No demora 8 meses.

⊡ El origen de un email jamás puede rastrearse en dos domicilios diferentes. Una IP está asignada a un cliente en determinado momento.

⊡ En el expediente no surge ninguna dirección IP de ningún mail. No existe ninguna IP para rastrear el supuesto correo extorsivo.

⊡ ¿Por qué en el allanamiento de mi domicilio dejaron más de 30 discos duros, 1000 CDs y DVDs, tarjetas magnéticas, dinero, computadoras, celulares y otros equipos?

[?] Las tarjetas, o algunos billetes de dinero, podría entenderse que no se incautaron por el desorden de la escena. Pero más de 30 discos duros tirados en el piso, es imposible que se los hayan olvidado. Lo único que pasa por mi mente es que el allanamiento fue solo una escena del espectáculo que estaba armado.

[?] ¿Por qué en ningún momento, ni en el interrogatorio en Interpol ni en el juzgado se me preguntó cómo tenía pensado cobrar el rescate sin haber puesto ninguna billetera? Esa era LA PREGUNTA del caso. La sentencia "se encontraron 12 virus en un pendrive" es ridícula y no hace a la causa, la posesión de un *USB Killer* no está vinculada con la investigación. El pago del rescate, si estamos hablando de una extorsión, sí es clave.

No me proporcionaron durante 48 horas mi **medicación** para la **ansiedad** y déficit de atención. Luego de pasar una noche en un calabozo y no tomar mi medicación, por la mañana me mantuve en un estado aletargado **sin energías** para discutir y confundido para responder preguntas. Solo quería que todo se acabara para tomar mi medicación. Si me la hubiesen suministrado, probablemente el resultado hubiese sido otro y ante el intento de quebrarme por parte del oficial de Interpol me hubiese plantado exigiendo la presencia de un abogado. Estaba en tremenda desventaja y no me encontraba en un estado como para haberme defendido apropiadamente de los brillantes cerebros de delitos informáticos. Fue mi primera y espero última vez en una situación así, pero daba por descontado que en estos casos existían protocolos para preservar la salud de personas que puedan eventualmente estar bajo diferentes tratamientos.

Mi estado psicológico a la hora de reconocer el envío del correo no era el de alguien con la claridad mental adecuada para entender las consecuencias de sus acciones. Nunca voy a olvidarme del segundo día en el juzgado: la ansiedad por la falta de mi medicación me había causado muchísima sed y sequedad bucal, a lo que pedí por favor un vaso con agua una de las veces que entré a declarar. **Jamás me dieron el vaso con agua. Ya era un trato humillante el que se me estaba dando y me estaban destrozando. Me parece vergonzoso un sistema tan inhumano. Da la impresión de que cuando uno ingresa en un proceso así, ya no es más un ser humano y pasa a ser algo sin valor, sin necesidades, sin sentimientos y que no merece un trato con respeto. Es muy triste [10].**

¿Por qué hay tantas **mentiras** por parte de la policía con referencia a este caso? ¿Cuál es el motivo por el cual no se dice la verdad de los hechos?

¿Porque me incautaron una **máscara**, **stickers** de bitcoins, **llaveros** y un router, dejándome 4 routers en mi casa? El router que se llevaron estaba sin usar. Se llevaron también un **repetidor de señales WIFI** que no está en el inventario de lo incautado ni en mi casa. ¿Quién sabe en la casa de quien se encuentra? ¿Junto con mi **reloj Casio**, mis **perfumes de Carolina Herrera** y mi maleta *"carry-on"* Calvin Klein en la que se llevaron las billeteras electrónicas de mi apartamento, pero se rieron de mi cuando se las pedí y con un aire de canchero me respondieron con un tono de ofendidos que ellos no se llevaron eso? ¿Qué pericia pensaban hacer los expertos en delitos informáticos con la máscara, stickers y llaveros?

No vale la pena entrar en detalles sobre la **"pericia"** de la policía sobre los objetos incautados. Simplemente digo que fue **consistente** con toda la investigación. Si se calificara el trabajo, sin dudas que **reprobarían.**

Si yo hubiese querido hacer un ataque de **ransomware** al proveedor de salud, jamás podrían siquiera considerarme sospechoso. Entre lo incautado, no fue detectado todo el malware y herramientas como kits para crear ransomware a medida que tengo para analizar y comprender ese tipo de software malicioso. Necesito tener ese software para **entenderlo** y poder buscar formas de **protección** ante los mismos. Y jamás hubiese obviado la dirección de pago en el pedido de rescate. Además, primero se infecta el sistema y después se pide que se pague por el rescate. Nadie pide primero el rescate y luego "hackea" el sistema. Lo que se maneja como "extorsión", "secuestro de datos", etc., son conceptos que no cierran con los elementos que se cuenta. **Pero** antes de todo lo mencionado, jamás hubiese reportado los problemas de

seguridad del proveedor de servicios para luego hackearlo. ¿Por qué

avisaría de los problemas de seguridad en el sistema para luego

vulnerarlo? No es coherente.

For all the unfairness you had to go through.. i hope great rewards await you.

Your strength is commendable

I don't think I would have survived in your situation.

 (all of this is of course in the context of darknet diaries :))

10:48

Derek Moy @derek_moy · Dec 9

Your story is incredible. And the way you took it in stride. I'm so happy you're out of that mess, and you got away from those drugs. That was by far my favorite episode thus far.

♡ 1   ↻ 1   ♥ 1   ✉

Alberto Daniel Hill @ADanielHill · Dec 9

Thanks so much! I did learn a lot from it, but the story is not over yet! btw, my story had love, almost death, hacking, frustration, a broken heart, but I didn't mention the drugs? :)

♡ 1   ↻   ♡ 1   ılı

Derek Moy @derek_moy · Dec 9

Drugs as in anti anxiety meds - those can be a real killer!

♡ 1   ↻   ♥ 1   ✉

Derek Moy @derek_moy · Dec 9

Replying to @ADanielHill @DarknetDiaries

Yeah, of course! Anyone would go nuts in that situation and not get better. So the fact you came out on the other side is as fascinating as it is inspiring

♡   ↻ 1   ♥ 2   ✉

re·sil·ience
/rəˈzilyəns/ ◀))

noun

1. the capacity to recover quickly from difficulties; toughness.
   "the often remarkable resilience of so many British institutions"

2. the ability of a substance or object to spring back into shape; elasticity.
   "nylon is excellent in wearability and resilience"

Reflexiones finales

> Hay tres cosa que no pasan mucho tiempo ocultas: El sol, la luna y la verdad.
>
> (Buda Gautama)

Lo que viví jamás debió haber sucedido. Fui castigado sin piedad alguna por algo que increíblemente yo había colaborado para que jamás se diera. El costo que pague fue total, perdí todo lo que tenía y solo obtuve **problemas monetarios** y **graves problemas de salud** sobre los que prefiero no comentar como consecuencia de lo vivido.

Ya mencioné la forma inocente en la que intentaba ayudar a resolver problemas de seguridad informática sin jamás haber obtenido ni solicitado algo a cambio de mis reportes.

¿Un día me levanté y decidí intentar extorsionar a una empresa en la cual yo había detectado y reportado dos graves problemas de seguridad?

¿Era considerado un **pionero** y **experto** en **criptomonedas**, y mande un mail extorsivo sin incluir la dirección de la billetera de bitcoins para depositar lo solicitado? Yo sospecharía mucho de algo así.

La **confesión** la hice para proteger a mi mamá y a mi expareja, teniendo la plena **certeza** de que sería imposible que pudieran ligarme con el supuesto correo que según ellos salió de mi apartamento. Tenía esa tranquilidad. **Pero no**, nunca rastrearon ningún correo. **Me mintieron en todo momento sobre los aspectos relevantes del caso y yo les creí** inocentemente.

La resolución de ser enviado a prisión fue muy desafortunada y sus argumentos son indefendibles. Pero la "*Justicia*" aquí puede tomar esas medidas **indefendibles**, tienen el **poder** de básicamente, hacer lo que quieran y tomar **acciones** que **no son respaldadas** por evidencia alguna.

Se puso en **riesgo** mi vida, puntualmente, estuve al borde de la muerte. **Casi pago con pena de muerte sin estar condenado.** Se me envió a una universidad del delito, donde quienes ingresan, lamentablemente en su mayoría, salen como mejores delincuentes. Hay que ser fuerte para resistirse a considerar asociarse con las personas equivocadas y tomar

camino que ellos transitan.

Los daños y pérdidas que sufrí no pueden ser medidos en términos

económicos. Son cosas imposibles de reparar, son cicatrices

(literalmente, **a las 2 semanas de haber ingresado a la prisión, me rompí**

la cabeza, dejándome una cicatriz de 4 puntos en la frente como

recuerdo) son **heridas, tristeza** y **dolor** que me **acompañan** y

acompañarán por el resto de mi vida.

La historia está lejos de terminarse. El proceso continúa con una lentitud

desesperante, a pesar de que está establecido de que todos tenemos el

derecho a **un juicio en un plazo razonable.**

Por ahora, me limito seguir el tratamiento para superar las **secuelas psicológicas** de lo vivido. Hay mucho para cambiar y mejorar. Espero que mis esfuerzos para difundir lo que viví sirvan para que ese cambio y esa mejora se produzcan.

Espero que también sirva para que quienes están en el ámbito de la seguridad informática reflexionen sobre mi experiencia y se den cuenta a lo que están expuestos si intentan hacer lo correcto.

Hay recuerdos que voy a llevar siempre conmigo. El sonido de metálico siempre me hará recordar la apertura de las rejas de la cárcel. Una luz en la noche va a estar siempre asociada con la cuenta de reclusos todas las madrugadas.

Uno de los recuerdos más extraños que tengo es el de los sueños. Durante toda mi vida al tener una pesadilla, sentía una profunda tranquilidad al despertarme y darme cuenta de que solo se trataba de un mal sueño. En la cárcel tenía una experiencia recurrente. En medio de la noche soñaba que estaba preso en una cárcel durmiendo en una celda. En determinado momento me despertaba convencido de que no era otra cosa más que una terrible pesadilla. Todo el alivio que ese pensamiento me causaba rápidamente se esfumaba cuando abría mis ojos y me daba cuenta de la **realidad**. No era un sueño, **estaba realmente en una cárcel, preso** y durmiendo en una celda. Era como un sueño dentro de un sueño, o, mejor dicho, una **pesadilla** dentro de otra **pesadilla**. Luego de lograr la libertad seguí teniendo sueños similares pero el alivio de darme cuenta de que es solo un sueño es un alivio verdadero. El poder puede ocultar la verdad, pero no por mucho tiempo.

En un pequeño lapso de tiempo logre **engañar a la muerte** en varias oportunidades. No sé si es que soy afortunado o es que tengo mala suerte, pero aquí estoy escribiendo este relato sobre una experiencia que seguramente 0,01% de quienes lean este libro hayan tenido o vayan a tener.

Este libro es uno más de mis esfuerzos por la difusión de la historia. Pero va a ser la última. Dentro de tanta desgracia y mala suerte, sucedieron cosas hermosas. Lo que viene, ya encaminada, logrará llegar a un número inimaginable de gente en todo el mundo y las mentiras no podrán sostenerse.

¡La conclusión de todo lo sucedido es que la verdadera víctima soy yo! Fui víctima de **injurias** y **difamaciones**. Mi identidad no fue preservada en ningún momento, mi apartamento sufrió un verdadero saqueo al que se llamó "**allanamiento**" donde no se respetaron las garantías mínimas para que fuese un procedimiento transparente, con documentación falsa sobre el mismo que forma parte del expediente, donde se registró de forma inadmisible una fracción de lo incautado, no se preservó la evidencia, no se aseguró la **cadena de custodia** de la misma y se llevaron lo que quisieron de mi casa, sin siquiera acatar el alcance claramente establecido de los elementos a incautar. Las pérdidas económicas que se me causaron fueron casi que totales. Mediante amenazas se me hizo confesar el envío de un correo que jamás envíe.

Mi salud física y mental se destrozaron. Se le causó un daño psicológico enorme a mi expareja por un trato brutal por parte de los agentes de Interpol, lo que causo nuestra separación, entre otras cosas por las mentiras terribles que le dijeron sobre mí, así como las amenazas de que perdería su trabajo. Fue algo totalmente innecesario. Perdí casi todo, solo me queda mi madre después de tan terrible manejo de una situación que con conocimientos apropiados hubiese servido para que las cosas se dieran de una forma coherente.

Concluyo este relato con tres preguntas. En el primer interrogatorio, negué de forma rotunda el envío del correo electrónico. Manteniendo esa declaración, al día siguiente hubiera estado de regreso en mi casa. No había ni va a encontrarse jamás elemento alguno que me vincule con dicho correo, simplemente porque no hay vínculo alguno. Yo no lo envié.

1. ¿Por qué al día siguiente cambié mi declaración y admití el envío?

2. ¿Quería ir a la cárcel?

3. ¿Qué sucedió para que cambiara lo declarado y fuese así procesado con prisión?

Algún motivo tiene que existir. Les digo que ir a la cárcel no era algo que hubiese querido experimentar. Capaz que algún tipo de sugerencia sobre lo que era mejor para mis seres queridos pudo haber influido. Esa si sería una explicación para el cambio de declaración en lugar de volver a mi casa.

Lo que sé es que en esta historia casi pierdo mi vida, además de las pérdidas económicas, afectivas, etc. "Cuando estamos en las puertas de la muerte es que vemos nuestras vidas con más claridad[23]". Reitero que

claridad es un atributo del que mi vida carece, pero sí tengo la claridad

suficiente para no creer en nada ni en nadie y quizás es por eso por lo

que tránsito por estas oscuras calles de mi vida de la forma que lo hago.

Las respuestas a esas preguntas son obvias. Me niego a pensar que la

Jueza no haya cuestionado nada del proceder de los investigadores y

que los hechos no eran consistentes con mi forma de actuar y

conocimientos.

Y así es como se dieron las cosas y yo sigo sufriendo las consecuencias

del **desastre**. Me enseñaron que los libros deben tener una introducción,

un desarrollo y un cierre. Aquí el cierre queda en suspenso. Fue una

---

[23] "La casa de papel"

historia triste [11] y termino este libro aun con tristeza. Sin dudas que el

adjetivo que mejor describe a esta historia que les he contado: **Triste**

[12].

Como conclusión, la única víctima de extorsión fui yo. Elementos como

amenazas no eran posibles ni inminentes. Fue un escenario no idóneo

para la modalidad extorsiva. Además, como desde que leí los elementos

que configuran una extorsión "tradicional", considero que son muy

fuertes como para equipararlo con algo como con lo que aparentemente

sucedió en la mutualista, donde **presión psicológica**, y otros **elementos**

violentos, **manipuladores**, etc. no se ven presentes. Yo fui sometido a

presión psicológica y manipulación, eso es extorsión, y no en grado de

tentativa.

Y menos aún, cuando recién luego de la denuncia, y la audiencia de autoridades del Círculo Católico por parte de la jueza, el Proveedor de servicios pasó de **no considerar importantes los datos almacenados**, hasta que luego recién tiempo después, se les prendió la lamparita y ahí si entendieron que los **datos eran muy importantes.**

Por lo que… ¿qué dimensiones tenía la **presión psicológica, amenazas,** etc., vinculadas a una *extorsión*?, donde entiendo, una víctima se quiebra y accede por no soportar las consecuencias de no cumplir con lo solicitado por lo valioso e importante que está en riesgo. Si me dicen que, si no confieso determinado delito, van a causarle mucho dolor y sufrimiento a determina persona, si esa persona, no tiene ningún significado para mí, esa presión para confesar algo que no hice, no me provoca nada. **Ahora, si esa persona es lo único que tengo en el mundo, ahí sí, psicológicamente me quiebran en un segundo y accedo a**

darles lo que me piden para evitar eso. Eso creo es una interesante analogía en los factores psicológico y presiones de una extorsión entre lo que paso en la mutualista, y lo que podría llegar a pasar para conseguir que alguien acceda algo que lo perjudica, pero de no hacerlo, esa persona va a sufrir muchísimo, y no por él, sino por lo afirmaron pasaría de no acceder.

Todo esto me parece muy extraño. Mucho más aun cuando desapareció mi petición de change.org, mi usuario fue eliminado. El soporte de https://change.org jamás respondió a mi consulta sobre el asunto. O sea, fue alguien más. A alguien tal vez le molesta que no baje los brazos ni un segundo, y perfectamente una denuncia penal al respecto seria pertinente. Pero **¿voy yo a denunciar algo a quienes me trataron como basura para que yo sea su trofeo?** No, cuando asuman que, en lugar de haber sido su trofeo, fue la última persona que debería haber elegido en el mundo para que sea la aclaración de su investigación.

El punto a lo que voy con mi lectura de la situación arriba mencionada, es que, en este proceso, me doy cuenta de que **la real VICTIMA DE EXTORSION QUE ENCAJA PERFECTAMENTE CON LO QUE SE DEFINE EN EL CPP, FUI YO.**

Por los argumentos que mencione, la mutualista, le daba un valor que estaba lejos de ser el importantísimo valor que tiene por, lo definido en la normativa vigente con relación a controles y seguridad, etc., que datos sensibles como los de historias Clínicas deber tener, sino que no pensaban que eran muy importantes. Presiones para otorgar lo solicitado, manipulación psicológica, etc., no son cosas que hayan sufrido en la mutualista. Ademas que de la misma forma la ejecución de dicha "*pseudo-extorsión*", hay fallas que saltan a la vista de quien entiende en la materia, que hacían imposible lograr el objetivo que se

planteó. La ejecución del "*delito*" fue muy triste [12]. ¡Su planificación

deja mucho que desear!

Es falso el hecho de que se instaló un malware en la institución que les

podría haber perdido toda su información.

Dudo que se haya robado la base de datos de la mutualista. Solamente

periciando el equipamiento de la mutualista. Pero la **evidencia** jamás fue

tratada según su regla número uno:

La evidencia se debe preservar.

Y es esperable se deber analizar. Si no está en el expediente. es que se realice ese estudio y se anexen los resultados al expediente.

Capaz que estoy totalmente equivocado y si, la mutualista fue víctima de extorsión sin la menor duda, y yo solo fui solo un culpable perfecto al acceder a declarar algo que no hice, que actuara de la forma que actué, cuando, como voy a cambiar de postura sabiendo que iba a pasar una noche más en instalaciones de Interpol, donde, si, **psicológicamente lograron quebrarme** para responder que si a todo, porque no sabía lo que podrían llegar a hacer conmigo esa noche, y no sabía si no iba a volver un noche más. Es simple, **me quebraron, y para proteger lo que yo más valoro en la vida, respondí que si a todo.**

No sé si se puede llegar a entender el **sufrimiento, angustia, incertidumbre, temor,** que me provocaron, que no pasaba por mi cabeza no hacer lo que me dieron, porque me sentí más **vulnerable** que nunca

en mi vida, y que además en mis manos, estaba también el bienestar de

mi **madre** y de mi **expareja**. Esta última me rompió el corazón cuando

varios meses después de ser liberado me contó que sufría de forma

constante de pesadillas donde soñaba que la policía ingresaba a su

casa. Sufre aun las consecuencias del trato bestial e innecesario a la

que fue sometida.

Yo infiero que todos esos **sentimientos**, que me generaron con sus

palabras, con sus **planteos**, son los que se presentan en una **extorsión**

"real".

Sufrimiento, angustia, incertidumbre, temor, paralización, miedo, dudo

que hayan sido experimentados en el proveedor de servicios de salud.

Mi declaración inicial negaba rotundamente el haber cometido una extorsión, manteniendo esa declaración, no hubiese pasado un día en la cárcel. Es imposible probar que yo haya sido culpable de eso, salvo que lo admitiera. **¿Que ganaba cambiando mi declaración?** Nada, ganaba la cárcel. Manteniendo mi declaración inicial, **mi libertad estaba asegurada.**

¿Sera que la **vida es una rueda** y pueda llegar a escribir el **TERCER ACTO**, es decir, la continuación y cierre de la historia, con alegría y habiendo **logrado justicia** y habiendo podido encontrar nuevamente un camino en mi vida? Espero que sí, pero tal vez aun existan **puñetazos esperando** por mí en este proceso, o quizás ya haya recibido un *knockout* del que no podré recuperarme jamás.

El **bien** y el **mal**, lo **correcto** y lo **incorrecto**, son **relativos**. Antes de intentar hacer "lo que ustedes consideren correcto", piensen que pueden estar desencadenando acciones que los pueden perjudicar mucho o incluso destruir.

Después de ocho años de estar juntos, este incidente hizo que perdiera a mi novia. Esta fue simplemente una experiencia demasiado mala para ella y tuvo que dejarlo para ir a ayudarse ella misma. Hasta ahora he estado fuera de prisión durante un par de años y todavía estoy trabajando con su abogado en el caso. La vida es muy difícil para mí, por los daños colaterales que jamás debieron ocurrir.

Piensen primero en ustedes y en sus seres queridos.

Espero redactar el cierre del proceso, **Tercer acto** de esta triste [13], increíble, pero verdadera

historia.

A la fecha, mi historia que llego a 1 millón de personas en el mundo, gran mayoría gente relacionada con seguridad informática. **200.000** personas escucharon mi historia en *Darknetdiaries*. En la conferencia 35c3, solamente tomando en cuenta el video de YouTube donde ni caso es presentado, mi historia llego a **650.000** personas. Miles de personas más conocieron mi historia por otros medios como las publicaciones en revistas, entrevistas, video casts, etc. De todas formas, un millón de personas son una pequeña fracción de personas de aquellas a las que estoy determinado a llegar.

El adjetivo más usado en este libro es "triste" [14]. <u>Lo usé 14 veces</u>. Y es

cierto, no puedo negarlo, la tristeza fue el sentimiento más fuerte que

sentí y aun siento.

> "Y una vez que la tormenta termine, no
> recordarás cómo lo lograste, cómo
> sobreviviste. Ni siquiera estarás seguro
> si la tormenta ha terminado realmente.
> Pero una cosa si es segura. Cuando salgas
> de esa tormenta, no serás la misma persona
> que entró en ella. De eso se trata esta
> tormenta."
> -Haruki Murakami

Finalmente, por segunda vez, publiqué una **petición** en @change.org

para cambiar la forma en la que los **delitos informáticos son** investigados

y el **tratamiento que se le da a la evidencia**, con el objetivo de generar conciencia y que no existan más casos como el mío. Puedes firmar la

petición aquí: http://chng.it/P9zTLBpdWN

> Esto no es falso.
>
> Si desean que limpiemos el ataque y dejemos todo bajo vuestro control, tiene 24 horas para enviar 15 bitcoins a la siguiente direccion:

"Nunca se sabe lo que la mala suerte te ha salvado de una peor suerte[24]"

---

[24] No es un país para viejos, Cormac Mccarthy.

Alberto Daniel Hill

Junio 2020

alberto@albertohill.com

https://twitter.com/ADanielHill

Recursos

Episodio de **Darknet Diaries** (Ingles)

? https://darknetdiaries.com/episode/25/

Entrevista para *OSINTME.COM* con Matt (Ingles)

OSINT ME

Admin Admin, Part 1: From responsible disclosure to a prison cell

🔗 https://www.osintme.com/index.php/2020/02/25/admin-admin-part-1-from-responsible-disclosure-to-a-prison-cell/

Admin Admin, Part 2: The case against Alberto

- https://www.osintme.com/index.php/2020/03/07/admin-admin-part-2-the-case-against-alberto/

Admin Admin, Part 3: The aftermath of Operation Bitcoins

- https://www.osintme.com/index.php/2020/04/20/admin-admin-part-3-the-aftermath-of-operation-bitcoins/

Digital Forensics Magazine Issue 38 (Ingles)

? https://www.digitalforensicsmagazine.com/index.php?option=com_

content&view=article&id=1277&Itemid=72

Digital Forensics Magazine Issue 39 (Ingles)

? https://www.digitalforensicsmagazine.com/index.php?option=com_

content&view=article&id=1293&Itemid=72

Comunicado de prensa del Ministerio del Interior

? https://www.minterior.gub.uy/index.php/unicom/noticias/4971-

operacion-bitcoins

Mantente actualizado sobre mi caso y entérate de todas las novedades siguiéndome por Twitter:

 https://twitter.com/ADanielHill

Mas de 100 comentarios de gente que escuchó mi historia principalmente en Darknet Diaries

🔲 https://albertohill.com/testimonials

Artículo en Arepa Digital: Operación Bitcoins: Del Infierno a la Resurrección

- http://www.arepadigital.com/operacion-bitcoins-del-infierno-a-la-resurreccion/

Myhackertech.com

- https://myhackertech.com/blogs/news/the-wrong-cuckoo-s-egg-an-interview-with-uruguay-s-first-jailed-hacker-alberto-hill

35c3 Alberto's story of hacking, love, near death experience and prison

- https://www.youtube.com/watch?v=gBtynT_dhJc

Alberto Daniel Hill | Wrongful Imprisonment, Cryptocurrency, Ethical Hacking

End of Days Radio

Alberto Daniel Hill is a writer, hacker, and cryptocurrency expert who is involved in some serious cryptocurrency projects. He is here today to discuss his imprisonment and the media manipulation surrounding the event.

Daniel starts off by riffing a bit with Alberto. We learn a little bit about his spirit, philosophy, and his approach. They talk back and forth a bit about things like Daniels favorite show Mr. Robot.

Then Alberto begins his story. A story that includes some very foolish behavior by government and media who seemed to know extraordinarily little about Cyber-Security. Alberto was working as a security consultant in the past and was basically bullied into a false confession by police that were using his closest loved ones as leverage. Alberto not only never committed the crime but was actually trying to help in the first place. The evidence was never presented but Alberto was still imprisoned.

As Daniel listens to the story a picture begins to form in his head. Combined with the fact that information online about Alberto is disappearing, Daniel connects the dots and blurts out what Alberto already knew, that there are some powerful people involved in possibly framing Alberto!

They talk a bit about hacking, the future of Cryptocurrency and what we can all do to help ensure a better tomorrow.

- https://youtu.be/wb_3H-vqrZA

Alberto Daniel Hill | A Security Specialists Incredible Battle

End of Days Radio

- https://www.youtube.com/watch?v=jMjBPGfwDeY

Alberto Daniel Hill returns to End of Days Radio in style, this time with optional video. Alberto Daniel Hill is a writer, hacker, and cryptocurrecy expert who is involved in some serious cryptocurrency projects.

He is here today to discuss his imprisonment and the media manipulation. Daniel asks Alberto to go over the story again which actually leads to a hilarious discussion about 80's sitcom actor Scott Baio who seems to be quite the character these days. They then move onto the case where Alberto and Daniel speculate about the possible conspiracy surrounding Alberto's case.

Follow Alberto on Twitter @ADanielHill Daniel comes back from break swinging. He takes a call from Todd and they make fun of Scott Baio together.

Political News Time - Alberto Daniel Hill aka The Hacker

A REAL-LIFE Mr. Robot meets The Matrix

Alex Mayers introduces Alberto Daniel Hill (@Adanielhill) aka The Hacker - a man who has gone down in history as the first "hacker" criminally sentenced to prison in Uruguay THOUGH today he is alleging that he was wrongly charged and essentially "set up" by a corrupt South American justice system.

Please visit AlbertoHill.com and https://darknetdiaries.com/episode/25/ to learn details about **Alberto's amazing (and true) story** - which is set to developed into a movie or multi part Netflix type series.

- https://youtu.be/kB--_O1QEcc

Figura 61 - Political News Time - Alberto Daniel Hill aka The Hacker

Agradecimientos

Mi mamá

Dr. Juan Carlos Fernández Lecchini y familia

Marisa y Miguel Motta

Evelyn Fajardo

Martín Romano

Beatriz Ferrari

Nicolás Arévalo

David Diaz

Mateo Martínez

Manuel Rangel

Linus Neumann

Un agradecimiento especial para Martín Priliac por la revisión del

libro

También a Daniel Rodríguez (divirus) por sus correcciones

Jack Rhysider

Rodolfo Ortega

Jesús Gerez

Nicole Elizabeth Eggert, Christy, Sammy, Tiff, Nancy, Ethel y

Lonnie

Russell Davis

Brandon Mullins

Olivia Terragni

Jessica Tubbs

Pilar Abbate

Courtney

Todo el personal del INR Unidad 18

Todos mis amigos de Twitter

Todos los que apoyaron en los momentos más difíciles

ANEXO 1 - Operación Bitcoins: Del Infierno a la Resurrección

Publicado en "LA AREPA DIGITAL"

Fecha de publicación: 19 julio, 2019

Por Manuel Rangel

http://www.arepadigital.com/operacion-bitcoins-del-infierno-a-la-resurreccion/

En **febrero de 2017**, el sitio web de una de las mutualistas (empresa de seguros y servicios médicos que funciona similar a una cooperativa) más importantes del pequeño y hermoso país de Uruguay, fue **vulnerado** informáticamente. El cibercriminal entró a la base de datos del portal, robando miles de megabytes de información confidencial de sus pacientes, y le envió a la empresa un email en el cual exigía un pago extorsivo de 15 bitcoins. Si la empresa no los pagaba, el cibercriminal revelaría datos confidenciales médicos de los pacientes. Sin embargo, esto no fue suficiente, ya que este pirata informático solicitaba 5 bitcoins extras por cada día que pasara sin recibir el pago, una "cuota de interés por cada día que le hacían perder tiempo".

En total, la recompensa que solicitaba alcanzó un total de 60 mil dólares… Irónicamente, la mayor demora que tuvo que afrontar este cibercriminal fue debido a que nunca colocó una dirección de pago… Esta historia apenas comenzaba.

Obviamente, Círculo Católico de Obreros de Uruguay, la mutualista afectada e institución que tiene más de un siglo de fundada, no se quedaría de manos cruzadas. Durante semanas trabajó con la Policía para rastrear al extorsionista. 7 meses después, según el Ministerio del Interior, dieron con una dirección IP de quien supuestamente habría vulnerado la base de datos de la empresa.

Como si fuese una película, la policía de Montevideo allanó el apartamento de Alberto Daniel Hill, un ingeniero informático de 41 años, amante de la informática, las computadoras y la tecnología blockchain. Alberto tenía en su casa colecciones de distintos tipos de hardware: computadoras, dispositivos USB, celulares en desuso, wallets de criptomonedas. Sumado a eso la policía encontró dólares y euros en efectivo, un equipo para grabar y leer tarjetas magnéticas, y varias decenas de estos plásticos a su nombre, y una máscara de **Guy Fawkes**, la cual se ha convertido en un símbolo de los anarquistas en todo el mundo. ¡Bingo! Exclamó la policía, estos elementos eran evidencia suficiente para demostrar que Alberto era el hacker que buscaban.

Violando algunos de sus **derechos** más básicos, su **información personal**

(incluyendo un monitoreo constante a su actividad en la web), y

ejecutando un proceso judicial con muchas inconsistencias, Alberto fue

enviado a prisión, no satisfechos con esto, su caso se difundió a través de los medios de comunicación como un gran triunfo de la Sección

Delitos Tecnológicos de la Dirección General de Lucha Contra el Crimen

Organizado e Interpol, y de la misma Presidencia de la

República, **humillándolo públicamente como el ciberterrorista**

protagonista de la "Operación Bitcoins", como se le denominó al
primer caso de "delitos informáticos y extorsión con
criptomonedas" de ese país. Caso cerrado.

¡Para nada! Luego de ocho meses en la cárcel de Durazno en Uruguay.

Alberto Daniel Hill es liberado después de la apelación. Su regreso a la

libertad es con una sola misión: Limpiar su nombre y evitar que

injusticias como las que se cometieron contra su persona se repitan.

Alberto sostiene que es inocente, y a continuación lo relatamos.

Su buena voluntad como hacker le abrió las puertas a su pesadilla

Y es que si, Alberto es un hacker, ha sido no solo su profesión sino su título identificativo personal durante décadas, ser hacker es un estilo de vida, pero que lamentablemente por un uso inadecuado en el periodismo ha adquirido una tilde negativa en la opinión publica; el "primer hacker" que fue enviado a prisión en Uruguay afirma su inocencia y tiene evidencias para demostrarlo.

Aquí tenemos que destacar que Alberto **no fue condenado por delito alguno, y sus meses en la cárcel de Durazno se deben a que la juez consideró que "él tenía alta probabilidad de fuga", sumado a que "sus elevados conocimientos informáticos podrían interferir con el resto del proceso"**, por lo que fue confinado a prisión preventiva mientras las autoridades siguen estudiando el caso.

Para comprender todo el panorama, tenemos que remontarnos a 2 décadas atrás. Alberto Daniel Hill tiene más de 20 años de experiencia en el área de las computadoras, trabajando para importantes empresas y para el mismo gobierno uruguayo precisamente en el ámbito que más ama, la seguridad informática.

En 2004, cuando apenas comenzaba la masificación del Internet, su nombre se hizo conocido ya que efectuó la primera pericia informática en un caso relacionado con pornografía infantil, labor por la cual no cobró honorarios. Hasta tuvo la experiencia de colaborar con la Interpol.

Como buen fan de la informática, tuvo contacto temprano con los ideales

de Satoshi Nakamoto, enamorándose de las bondades que la tecnología

blockchain ofrece a la humanidad.

Así que también ha dedicado parte de su vida a compartir sus

conocimientos y difundir la idea de la descentralización a través de

ensayos y conferencias. **En pocas palabras, Alberto es un ingeniero**

fervientemente convencido que la informática puede mejorar los
procesos sociales, y, en consecuencia, generar un mundo mejor.
Toda una filosofía de vida incompatible con los delitos de los que
se le acusan.

Aquí hacemos un pequeño inciso. Lamentablemente, los medios de

comunicación y la cultura del cine y la televisión han generado que la palabra hacker tenga una connotación muy negativa en los últimos años.

Es muy común ver en alguna serie o producción de Hollywood, la típica

representación de un hacker tecleando ruidosamente, insertando miles

de líneas de códigos y descifrando claves, con la intención de robar

millones de dólares, proceso que según el celuloide dura solo segundos.

Una imagen muy alejada de la verdad, ya que robar y extorsionar con información digital solo es trabajo de un pequeño sector de criminales arropados bajo la palabra hacker.

Realmente, y según la misma RAE en su vigésima tercera edición de su

diccionario, "un hacker es un experto en en el manejo de computadoras,

que se ocupa de la seguridad de los sistemas y de desarrollar técnicas

de mejora".

En pocas palabras, alguien que ha dedicado su vida a programar barreras de seguridad digitales. Incluso, existen certificados de "hackers

éticos" (Alberto tiene uno de estos), que garantizan la profesionalidad y

la ética de la comunidad hacker.

Alberto asegura que es normal para los hackers, navegar en internet y probar la seguridad de los sitios que visitan. Es un pasatiempo que los ayuda a mejorar sus habilidades. Si estos encuentran una falla de seguridad, el hacker tiene la responsabilidad de notificar a la empresa o institución que su sitio web es vulnerable a cualquier ataque.

De hecho, Alberto tiene decenas de registros de sus reportes constantes al Centro de Respuesta de Incidentes de Seguridad Informática del Uruguay (CERTuy), institución gubernamental dedicada a proteger a entes del gobierno y empresas uruguayas de los ataques cibernéticos.

Esto fue precisamente lo que hizo Alberto en el 2014. Su novia en aquella época necesitaba chequear sus registros médicos en la mutualista. Por lo tanto, Alberto entró en la página, y luego de consultar los datos que buscaba, aprovechó para revisar la seguridad de la

página, **encontrando una vulnerabilidad crítica: se dio cuenta que**

el usuario y la clave de acceso era admin/admin, el usuario y

contraseña más genérica de internet.

Entrando como administrador, se dio cuenta que no solo los datos de su

novia, sino los de todos sus pacientes estaban en peligro. Y no solo eso,

incluso información financiera de la compañía estaba expuesta. **Por**

ende, Alberto de inmediato envió un correo al CERTuy notificando

esta grave falla junto a la dirección IP y métodos que usó para

ingresar, correo que fue contestado vagamente.

En 2015 encontró otra falla, esta vez se trataba de la ausencia de un

apropiado control de acceso al sitio, por lo que nuevamente reportó el

problema. Satisfecho por haber cumplido su trabajo, Alberto se

desentendió y continuó con su vida y sus proyectos, hasta que tres años después, encuentra una citación de parte de la Policía de Montevideo, para que asista a un interrogatorio por un caso de delito cibernético. **Alberto, sin nada que temer, asiste a la cita**.

En el lugar lo esperaban funcionarios de la Interpol, quienes interrogan a Alberto y le pregunta sobre su conexión con la empresa. Completamente sincero, Alberto relata como tres años atrás encontró una falla crítica dentro del portal web, la cual fue reportada ante el CERTuy. Al igual que otra al año siguiente. A continuación, le muestran el email en el cual un hacker anónimo afirma tener la base de datos de la empresa, amenazando con publicarla sino se le pagan 15 bitcoins. **Alberto niega haber sido él quien envió ese email ni hackeó el portal web. Sin embargo, allí empieza su calvario.**

Una máscara de Guy Fawkes lo convierte en el trofeo de la Interpol

Como lo relatamos en un principio, el 10 de septiembre de 2017, la policía irrumpe en el apartamento de Alberto, un típico hogar de un ingeniero informático con piezas de computadoras por doquier. Lo primero que alarmó a la policía fueron unos libros sobre el Bitcoin, un tema muy nuevo y revolucionario, que, debido al profundo desconocimiento de los funcionarios sobre las criptomonedas, y la lamentable relación de estas en sus inicios por la deepweb con el lavado de dinero, levantó sospechas inmediatas.

De hecho, Alberto es un profundo apasionado de este tema. En 2015, él recibió un capital proveniente del seguro de vida de su padre, lo que le permitió invertir en algunas criptos como bitcoin, litecoin, ethereum, entre otras, para posteriormente, hacer transacciones de compra-venta con algunas de ellas, por lo que tenía algunos miles de dólares y euros en efectivo, ahorros de toda su vida los cuales Alberto justificó de manera perfecta. No le creyeron.

Tampoco le creyeron cuando Alberto justificó el por qué tenía 50 discos duros usados, 7 laptops, y hardware de todo tipo. **Como buen informático, uno de los hobbys de Alberto es desarmar todo tipo de equipos computacionales para ver su interior, probar con diversos sistemas operativos, y muchas otras actividades.** Eso junto a celulares viejos acumulados en sus gavetas por años, y sus billeteras en frío de criptomonedas.

Lo que terminó de convencer a los investigadores de que habían encontrado el criminal que buscaban fue el clonador de tarjetas y algunas decenas de tarjetas de crédito y débito. La policía enseguida asumió que Alberto conseguía números de TDCs online, y los imprimía en sus tarjetas, a pesar de la clara explicación de Alberto, **quien precisamente se encontraba realizando una investigación sobre problemas de seguridad relacionados a las Tarjetas de Crédito. Tampoco le creyeron, a pesar de que él ha dado** varias charlas sobre el cibercrimen, en donde toca el tema.

Por último, en el expediente que presentaron para acusar a Alberto, la policía indicó que habían encontrado una guillotina en su apartamento. Sí, ese dispositivo de ejecuciones en la edad media, el mismo con el cual le cortaron la cabeza a Luis XVI y María Antonieta durante la Revolución Francesa. ¿La Realidad? Una simple cortadora de papel.

La evidencia final que usaron para presentarlo como premio ante los medios de comunicación fue la máscara de Guy Fawkes, que como sabemos, es el símbolo de los hackers a nivel internacional. Para el Director de la Interpol, esta curiosidad fue una evidencia definitiva de su culpabilidad.

No importó la explicación de Alberto ante este y los demás elementos encontrados en su apartamento, la policía necesitaba resolver el caso, e incluso, estaban emocionados por demostrar que habían capturado al primer "ciberterrorista" de la historia de Uruguay.

Cabe destacar que aquí inicia la cadena de irregularidades del proceso de Alberto. El expediente del allanamiento es irregular, no muestra horas exactas, tampoco nombre ni cantidades correctas de lo incautado.

Además, la policía también se llevó como evidencia perfumes, vestimenta, y otros elementos personales. Incluso se llevaron bienes valiosos de su novia, de su madre y de un gran amigo, que, hasta el día de hoy, y a pesar de todas las diligencias, no han sido devueltos, lo que ha generado problemas extras para Alberto. Sin orden y sin Alberto tener conocimiento de este hecho, la policía entró al estacionamiento privado donde guardaba su automóvil y lo registró.

Y algo muy importante que debemos destacar. Como lo mencionamos al inicio, el Ministerio del Interior indicó que la investigación de 7 meses los llevó a su persona gracias a la dirección IP. Esto es técnicamente imposible ya que, en primer lugar, no hay dirección IP que relacione el email extorsivo con Alberto. Y, en segundo lugar, el rastreo de una dirección IP dura solo minutos ¿Por qué la investigación duró tanto?

A cada hora que pasaba, la pesadilla crecía. Luego del desastre que hicieron en el apartamento, empezaron las amenazas y presiones. Un funcionario se le acercó y lo amenazó expresando que, si no confesaba, y aceptaba ser el hacker que tanto buscaban, harían pasar por muy malas experiencias a su novia y a su madre.

Quién no ha estado en situaciones parecidas quizás no conozca la dura tortura psicológica que son capaces de ejercer funcionarios preparados durante años para intimidar durante interrogatorios.

Tras varias horas, y luego que Alberto evaluara sus posibilidades, decidió aceptar que él envió el email, para evitar que las amenazas continuaran y poner a salvo a su novia y a su madre. De hecho, la policía había amenazado que allanarían el apartamento de su progenitora.

Alberto estaba muy seguro de que posteriormente, al no existir pruebas ni direcciones IP que lo relacionaran a ese correo, pudiese demostrar su inocencia, confiando en que el mismo sistema judicial lo ayudaría como ciudadano a salir de este apuro.

Sin embargo, esto no fue así. Alberto tuvo que pasar por la dolorosa experiencia de ver a su novia también arrestada y siendo torturada psicológicamente.

Luego se enteraría que los funcionarios le habían indicado a su novia, que él había confesado todo y la había acusado a ella de ser quien orquestó todo el plan para extorsionar a la mutualista.

Durante los días del proceso penal, Alberto era cuestionado una y otra vez con preguntas que, en muchos casos, nada tenían que ver con el proceso.

Él trataba de explicar la verdad, pero le era casi imposible hacerse

entender ante los burócratas del sistema judicial, debido a sus mínimos

conocimientos sobre los computadores, y la misma arrogancia de los

funcionarios, **quienes aseguraban que conocían el bitcoin desde**

hace más de una década, cuando para el 2017 llevaba 8 años

desde el minado del bloque génesis, y apenas desde el 2012 fue

que se popularizó en algunos círculos de la deepweb, lo irónico es

que según ellos, conocían al BTC incluso antes que el propio Satoshi

Nakamoto, pero no sabían ni siquiera que era una dirección IP.

En resumen, un proceso con muchas incongruencias que ni siquiera ha

terminado debido a que el volumen de información es muy elevado para

la capacidad de las autoridades uruguayas, lo que demuestra el triste retraso tecnológico de las instituciones de seguridad en nuestros países latinoamericanos. A finales de 2017, y mientras las autoridades, en teoría seguían analizando las evidencias, Alberto fue enviado a prisión preventiva (siendo amenazado con ser condenado por extorsión y acceso fraudulento a información secreta), a la cárcel de Durazno, en el interior del país.

Como lo mencionamos anteriormente, Alberto fue humillado en los medios de comunicación de Uruguay, siendo presentado como el primer hacker arrestado por delitos cibernéticos en el país. Su caso fue tan difundido, que, al llegar a Durazno, tanto el resto de los presos como los directores sabían de pies a cabeza su historia.

Un hacker inocente en la cárcel

El perfil de Alberto era muy diferente al del resto de sus compañeros de presidio: abusadores sexuales, asesinos, y criminales de toda índole. A

pesar de que las autoridades del lugar fueron alertadas que Alberto no

podía tocar ninguna computadora por miedo a sus habilidades, su

carisma y buen comportamiento le permitió ganarse la buena de

voluntad de todos en el lugar. Luego de tres meses de haber llegado a

Durazno, ya daba clases de computación básica al resto de los reclusos.

Sus experiencias en la cárcel son muchas, sin embargo, y a pesar de

tener algunos privilegios, la ansiedad de Alberto por estar en prisión por

un delito que no cometió le generó un profundo trauma que afectó su

salud.

Durante esos meses, el abogado de Alberto trabajaba arduamente para

sacarlo de la cárcel. Sin embargo, la fortuna llegó al amanecer de principios de mayo de 2018.

En la apelación, los jueces fallaron a su favor en que la prisión preventiva era una medida que no correspondía a su caso, y tras pagar una fianza de miles de dólares, el 17 de mayo, Alberto Hill, el primer "hacker arrestado en Uruguay" por un delito que ni siquiera cometió, le dieron libertad provisional.

No obstante, su infierno no acabó allí. Al regresar a su apartamento en Montevideo, Alberto vio que algunos de sus dispositivos electrónicos que iban a ser usados como evidencia se encontraban allí, reafirmando la gran cantidad de irregularidades que hubo en el proceso.

Según palabras del mismo Alberto, él cree que ni siquiera se tomaron la molestia de realizar una buena investigación. La

policía necesitaba un trofeo, él fue lamentablemente elegido.

Alberto no solamente perdió casi un año de su libertad, sino que debido al trauma, la relación de 8 años con su novia acabó drásticamente, los ahorros de toda su vida fueron incautados.

Además, su reputación como ciudadano fue destruida, al ser presentado como un criminal ante todo Uruguay sin derecho a réplica. También destacamos que su proceso sigue paralizado.

Debido a que como lo expresamos párrafos atrás, la policía no posee ni la capacidad ni las herramientas para analizar todos los gigabytes de información que se encuentran en la evidencia incautada.

Pero a pesar de todo lo negativo, para Alberto, esta pesadilla también tuvo su lado positivo. Esta experiencia lo fortaleció en muchos aspectos de su vida, lo que lo ha llevado a iniciar una dura lucha por recuperar equipos con información valiosa aún secuestrados por la policía, y más allá de eso, una lucha por limpiar su imagen, por demostrar para siempre su inocencia, y por difundir su historia.

De hecho, la difusión de su caso a nivel internacional ha hecho que Alberto tenga el respaldo de muchos informáticos en una gran cantidad de países, incluyendo algunos que como él, atravesaron por situaciones similares. Recientemente tuvo la oportunidad de contar su experiencia en uno de los más grandes congresos de seguridad informática del mundo, en la cual su valentía fue aplaudida por cientos de personas. Y esto sin contar que cada vez más publicaciones, revistas y sitios especializados lo contactan para conocer la verdad de la "Operación Bitcoins".

Y hablando de la Operación Bitcoins, Alberto Daniel Hill le dará un mejor uso a estas palabras que se convirtieron en su pesadilla personal por más de un año, y les otorgará un mejor significado. Y es que Alberto está creando una fundación con ese nombre, con la finalidad de ayudar y asesorar a todos aquellos que han sido y serán injustamente encarcelados por supuestos delitos informáticos.

De esta manera la Operación Bitcoins se convertirá en un símbolo de fortaleza que evitará que otros vivan el infierno que él vivió.

Si desean conocer más sobre la historia de Alberto, y su trayectoria

como informático y amante de la tecnología Blockchain, no queda más

que invitarlos a chequear sus redes sociales:

Twitter: @ADanielHill

FEEDBACK

"...I urge my friends to #follow Alberto Daniel Hill @ADanielHill aka the HACKER. I just learned about his AMAZING (& true) story..."

★ ★ ★ ★ ★ ●
Continue reading

"...What an awesome tale. I hope everything works out well for you..."

★ ★ ★ ★ ★ ●
Continue reading

"...our community is thriving because of such talented people like you.."

★ ★ ★ ★ ★ ●
Continue reading

OPERACION BITCOINS – #HACKER

nt Jack Ep. 25 freaked me out. InfoSec home lab k and feel eerily similar to Alberto's.

PM · Nov 1, 2018 · Twitter for iPhone

Retweets Likes

"...InfoSec home labs look and feel eerily similar to Alberto's..."

★ ★ ★ ★ ★ ●
Man! Jack Ep. 25 freaked me out InfoSec home labs look and feel eerily similar to Alberto's.
Continue reading

This is probably my favorite @DarknetDiaries podcast!!

"...This is probably my favorite @DarknetDiaries podcast!! ..."

★ ★ ★ ★ ★ ●
This is probably my favorite #DarknetDiaries podcast!!
Continue reading

   WordPress.com

"...Am indeed a fan and deeply sorry for what you have to go through..."

★ ★ ★ ★ ★ ●
As indeed a fan and deeply sorry for what you have to go through
Continue reading

Great piece done on the amazing @ADanielHill - I've read / heard his story many times but each new time m astounded by the Uruguayan CERT fuckery. Follow @berto, share his story, and please remember the stage "no good deed goes unpunished".

★ ★ ★ ★ ★ ●
Continue reading

"...Thanks for the continued education and information you bring to the masses..."

★ ★ ★ ★ ★ ●
Continue reading

"...Loved your darknet diaries episode. Salud!..."

★ ★ ★ ★ ★ ●
Josef Continue reading

OSINT ME

"...a remarkable, sad, unbelievable yet true story of Alberto Daniel Hill, a cyber security professional from Uruguay and what he is about to discuss here might disturb you..."

★ ★ ★ ★ ★ ●
Continue reading

ALGORITHM: THE HACKER MOVIE"

It was for me an honor that Jon Schiefer #BrandXJon the writer and director of the movie ALGORITHM: THE HACKER MOVIE listened to my episode on @DarknetDiaries (he loves that podcast!) and well like

arreglan sino que ven si lo.sancionan..."

@ADanielHill vos hacés un ping y vas preso. Este pibe expone el CI (el estado lo hace) y no solo no lo arreglan sino que ven si lo sancionan. BTW no hackeó nada, solo buscó
Continue reading

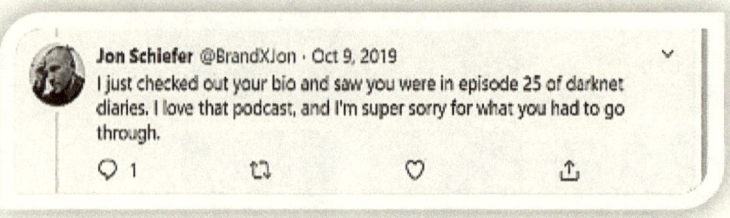

Jon Schiefer, escritor y director de

ALGORITHM: LA PELÍCULA HACKER

"... siento mucho por lo que tuviste que pasar ... "

Mayor of Internet☠️🔥
@Talah_Nam

Replying to @ADanielHill @DarknetDiaries and 2 others

That whole story just scared the he'll out me and it made me to rethink about how I approach things and somethings that appear harmless can be used against you. The episode was a big eye opener for me.

3:47 AM · Oct 22, 2019 · Twitter for Android

Toda esta historia me dio un susto infernal y me hizo

repensar sobre cómo encaro las cosas y algunas que

parecen inofensivas pueden ser usadas en tu contra.

Este episodio fue una gran revelación para mí.

↻ You Retweeted

Uday Kapoor Bhatia @Udaybhatiaa · 20h

Replying to @ADanielHill @Voidp0ster and 2 others

our community is thriving because of such talented people like you. I can only imagine the pressure on your heads. with everything you are doing, I am sure its overwhelming

💬   ↻ 2   ♥ 2   ⬆

"... nuestra comunidad está prosperando gracias a

personas tan talentosas como tú ..."
